U0005421

서울 길 잃은 산책

首爾

Secret walk in Seoul

私房 輕‧旅‧行

Cyrus‧著

太雅

先喜歡上直率的韓國人，
才愛上這個國家

跟韓國的緣分，不知道從何說起。

最初對韓國的好感，並不是韓國本身，而是在澳洲打工度假時所認識的韓國人——那種粗枝大葉，但跟別人熟稔之後所給予的無私的「情」，令我對大韓民族充滿好奇——究竟一個怎樣的國家，會培養出這樣的性格？

學習韓語則把我對韓國的認識帶到另一個層次。能夠跟韓國人溝通，了解他們的想法、文化，使我每次去到韓國，都更愛這個國家，每次都帶著不捨的心情離開。有時我甚至懷疑，自己上輩子會不會是個韓國人？

而這幾年韓國轉變得極快，除了韓流，除了經濟變得更富裕、科技更先進外，還包括他們在推動本土藝術文化上的努力，使韓國變成一個設計都市。年輕人能夠追夢，也敢於追夢：開設不同主題的咖啡店、在街頭演唱、打理手作工房……這些不為賺錢，只為做喜愛之事的追夢者，最終都能在韓國實現夢想。寫這本旅遊書的同時，在與這些追夢者的對話中，感受到他們對生命的熱情，也帶給我正面的影響。

感激太雅出版社的孟儒編輯，還有張芳玲總編輯一直給我的支持；感激因為我毅然放棄工作，跑到韓國唸韓語，而害苦了的家人；還有感激一直鼓勵我的朋友們；感激在韓國認識，給我美好回憶的好朋友們；少了你們其中一個，也不能成就今天這個任性的我。

希望讀者們也能像我一樣愛上這個美好的國家！

Cyrus

我所喜愛的韓國
006

我所喜愛的韓國印象

除了明洞、東大門以外,首爾還讓你想到什麼?

首爾的藝術

化腐朽為神奇的城市藝術……

幾年前來首爾,也許只為了購物,吃喝玩樂。

但這2年來首爾,每次都發現她在蛻變中,藝術文化越來越濃厚。

在首爾的每一個地區,都有大大小小的畫廊,博物館,美術館,滿足愛藝術的文化人。

具代表性的大型美術館,像Leeum三星博物館、Gana Art Center,還有將會在北村開設的UUL首爾國立美術館,即使走上幾天,也走不完。

而最重要的是,韓國政府和韓國人對於藝術文化的重視態度。

把殘舊而又被遺忘的洞內翻新成藝術村,或政府籌辦的Heyri藝術村,都需要一群居民或藝術文化人的熱心支持,才能夠像今天這麼成功。

來到韓國,怎能不逛逛美術館、藝術村,讓自己追上韓國的藝術文化潮?

首爾的咖啡文化

每間咖啡館都好有氣氛好想去喔……

如果是像我一樣的咖啡癡,那來到韓國一定會瘋了。

街頭巷尾都是咖啡店,好像整個大韓民族都是愛咖啡一族。

隨便走進一家個人咖啡店,都有著不一樣的主題或感覺,但總不會令人失望。

店主用心去經營他們小小的夢想天地,令身處香港這個金錢至上的夢想墓穴的我羨慕不已。

每次走在路上,總會發現轉角有未去過的咖啡店,然後在心裡默默記著位置,要自己「下次也要去試試!」,就這樣,咖啡毒越中越深。

其實,我才不介意多喝咖啡——保持清醒地面對人生的每一個時刻,也不錯喔!

首爾的設計

隨時會讓你失心瘋、荷包大失血……

走在韓國街頭，先不說滿街的服飾店，文具控的我在韓國就真的失控了！

大型的自家設計品牌家居用品／文具店如Art Box、10x10、1300K、Kosney、MMMG，貨品全部由韓國設計師設計，也深得韓國人的喜愛，每次進入這些店家都遇上人滿為患的狀況，我也沒有手軟，一頭栽進可愛的筆記簿堆裡，每次都滿載而歸！

而時裝設計更是韓國的「國寶」，從江南區的高級設計服裝，到東大門批發市場的廉價批發衣服，都是由韓國設計師一手包辦，你可能會說：「批發的不過是抄款吧！」但抄得這麼成功，又怎能不由衷佩服他們的創意？

首爾的手作風

屬於你的獨一無二Style……

像台灣一樣，韓國的手作風也越來越濃厚了。

購物的同時，不妨留意一下店面，就會發現很多店家也標榜「handmade」，用心意和獨一無二的設計來吸引客人的欣賞。

手作的範圍很廣泛，不論是一些小物如小玩偶、銀器、或各式各樣的飾物，甚至是大型的設計家具、擺設等等。參觀過首爾的藝術市集、自由市場，或到過咖啡店，看到裡面寄賣的手作作品，就會知道手作在韓國的普遍程度。

我總是覺得，如果要從大量生產的貨品和手作品之中作選擇的話，毫無疑問我一定會選擇手作品(當然價錢沒有差非常遠)。誰不想擁有一件獨一無二的心意小物？

除了買，還可以參加手作班，帶回一件用自己雙手製作的紀念品，增添韓國之旅的豐富回憶！

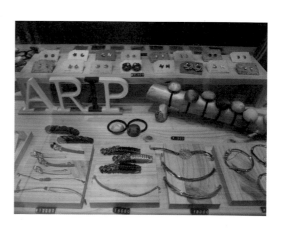

品味首爾的 大學文化氣息

Part 1

首爾的大學區，包括新村、梨大、弘大和大學路，

大學周邊總洋溢著一片年輕時尚的青春氣息。

走在當中，好像也年輕了好幾歲呢！

特別收錄
弘大自由市集
擺攤記

弘大 大學區

홍대

問身邊在韓國唸書的朋友，在首爾最喜歡的是那裡，十之八九都是回答相同的答案：「弘大！」為什麼？「好吃的很多」、「離學校很近」、「衣服選擇特多」、「夜店氣氛不錯」都是標準答案。問我的話，我更喜歡這裡的藝術文化氛圍。弘大，就是這樣一個年輕、多元化的地方！

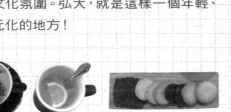

7-1

Joey's Café

夢想部屋　Tora-b

西橋小學

樂天影院　Coco Bruni

2號　8號

KFC　黃豆芽炒豬肉鐵板店

9號　Etude House

1號　Dunkin Donuts　Tony Moly

Café Unp

T.G.I. Fridays

GS25超商

Trick E
3D美術

2號線
弘大入口站

西橋飯

66 弘大，就是年輕和個性的代名詞 99

弘大經常擠滿年輕人，週末的時候更是肩擦肩

Boy劇場

弘益大學

🚶 🚶	地鐵出口
🍴	美食、咖啡
🛍	購物
🎯	景點、地標
💧	地鐵站

Starbucks

Hoho Myoll

7-11

2號

3號

1號

4號

弘益公園
(自由市集)

UNIQLO

畢卡索街

Hello Kitty Café

秀KTV

Ho Bar

7-11

A-land

6號線
上水站

7-11

미미네炸蝦

K-T&G
想像空間

朴君家年糕鍋

Dunkin
Donuts

Piano
Forest

Little Dress

Anthracite
Coffee

La Epice

夢想基地

Coffee 咖啡館

咖啡店賣的，不只是咖啡，還可以是甚麼？

可以是藝術、音樂、手作、夢想、歷史，或短暫的幸福。在弘大的咖啡店，
就是有無限的多元性，等待你來發掘。

弘大站
附近咖啡店

合井站
附近咖啡店

Hoho Myoll 호호마을

地址 서울 마포구 상수동 93-44 1층　電話 02-322-6473

在Volkswagen麵包車內品嘗咖啡香

看美國電影時有見過Volkswagen的迷你麵包車嗎?小時候看到這種麵包車,就好想和它一起去流浪。想不到在弘大的Hoho Myoll Café,竟然放置了一輛真正的Volkswagen迷你麵包車,還可以擠進小小的車座裡,幻想自己正前往某個目的地,算是滿足人生中的一個小願望!

不想太擠的話,也可以選擇坐在兩層床架的上鋪或下鋪。下鋪有可愛的模型車小擺設和繪畫,隨手拿起餐紙即席揮毫,發揮小創意。或者在上層靜靜地跟朋友聊天也可以!

Hoho Myoll的咖啡由專業咖啡師所沖泡,再試試它的Brunch,用著像美國加油站旁的快餐店餐盤,載著新鮮沙拉配美味香嫩的雞肉三明治,就像走進了美國電影裡的場景一樣!

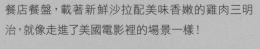

Café Les Arbres 레자브르 "피아노의 숲"

地址 서울 마포구 서교동 397-10 2층　**電話** 070-7808-7357
網址 cafe.naver.com/lesarbrespianoforest

是鋼琴演奏廳、咖啡店？還是音樂博物館？

　　Café Les Arbres「鋼琴的森林」？究竟那是一家怎樣的咖啡店？

　　好奇心驅使下(也因為天氣冷得腳指都僵硬，走不動了><)，推門走進Café Les Arbres，映入眼簾的是放在門口的鋼琴，還有陳列了各類樂器和音樂參考書籍的櫃子。

　　原來Café Les Arbres的店主大學主修音樂，畢業後開了這家跟音樂有關的咖啡店，閒時還會親自在店內演奏。

　　個性活潑開朗的店主，跟我心目中專攻音樂的女生印象很不同，尤其我對她説我好喜歡她的咖啡店時，她立即把我緊緊摟住，熱情得令我有點受寵若驚！

　　Café Les Arbres共分了3個空間，裝潢可愛寬敞的大廳、像演奏廳般藝術感重的側室、韓式盤腿而坐的鮮艷房間，還有值得一提的是，那個七彩繽紛的三明治絕對有令人心情大好的魔力！

Café Unplugged 카페 언플러그드

地址 서울 마포구 서교동 358-65 4층   **電話** 010-2215-9251
網址 cafe.naver.com/cafeunplugged

想表演、聽音樂、或只想喝杯咖啡，請到這集合！

　　跟Café Unplugged的相遇是一場巧合。我在慶州民宿認識的韓國男孩金南喬，在臉書公布他即將在Café Unplugged有一場小型表演，我隨興所至的來這支持他一下，不料卻發現了這樣一個好地方！

　　位於大廈4、5樓的Café Unplugged，4樓的咖啡空間，擺放著各式各樣的吉他，隨時心血來潮想彈奏一曲也無不可，還有每月舉行的初階吉他班，及每週五、六舉行的聲樂之夜(Acoustic Night)，每月第3個星期六舉行的麥克風開放日演唱會(Open-mic)，都在這裡進行。而5樓則是表演場地，定期舉行小型音樂會，就像我的韓國朋友，已經在這表演好幾次了。

　　姜PD是這裡的負責人，笑起來像慈祥的爸爸，但談起音樂，眼中隨即有一團火，讓人感受到他在推廣音樂上所付出的努力。要加油啊，姜PD！

夢想部屋 꿈꾸는 다락방

地址 서울 마포구 서교동 347-30   **電話** 02-337-2427

溫暖的手織品與熱咖啡

　　「夢想部屋」這個浪漫名字、像童話屋一樣的店面，和裡面的溫暖空氣在玻璃門上形成的水氣，令冷得急需找個地方躲起來的我，想也沒想的走進了這家可愛的咖啡店。

　　先迎上的是店主親切的笑容，店內的裝潢像走進充滿幻想的少女房間。

　　咖啡送上來的時候那手織杯墊吸引我的注意，也留意到店內陳列著一頂頂手織帽子和包包、還有一團團毛線。原來「夢想部屋」的店主有空的時候就手織這些帽子和包包，放在店內擺賣，也接受客人的特別要求和設計，量身訂做獨一無二的手織作品。開設咖啡店兼賣自己喜歡的手織品，店主在「夢想部屋」，實現了她的夢想。

Anthracite Coffee Roaster

地址 서울 마포구 합정동 357-6
電話 02-322-0009
網址 www.anthracitecoffee.com

粗獷、率性和神秘感的舊工廠改裝店

乍看Anthracite隱蔽的店面，不容易發現它是一家咖啡店。知道這家咖啡店，是因為韓國朋友的口耳相傳。

其實Anthracite的前身是一家工廠，雖然改裝成咖啡店，但工廠原有的運輸帶變成吧檯，地板和牆壁保留原本的灰色水泥，屋柱還有斑駁的痕跡，訴說著這家工廠的歷史。但配合牆上的繪畫展覽和原木家具，卻又帶出一種時尚風格感。除了自家製的咖啡，Anthracite還提供各類酒精飲品，也許在這種環境，點一杯House Wine更合適？(不過，可別喝醉了喔！)

Joey's Café 조이스

地址 서울 마포구 서교동 333-17
電話 02-324-0214

不用到英國，就能感受英倫情懷

一派異國風的門面，店內是英式的懷舊裝潢，在香港這個殖民地長大的我，看到牆上手繪的雙層巴士，格外有一份親切感！

牆上掛滿了關於英國的照片和繪畫，另一面則是巨型的手繪英國地下鐵路線圖，懷舊吊燈、吊扇和碎布深木色椅子，令整家咖啡店洋溢著一片英國老式情懷。

雖然Joey's Café的咖啡不錯，但最有名的還是材料豐富的自製西式濃湯，配上鬆軟的麵包，一頓美味的午餐就這樣簡單搞定了。

Delicious　嘗美食

只有那點零用錢的大學生，喜歡的聚餐地點是？

當然是便宜又大碗，又能一大群朋友坐在一起的食堂。

在弘大，選擇多得眼花撩亂，這裡介紹的是韓國同學們和我的心頭之選，當然還有更多這種超值的美味食堂，而我的策略是「店內坐無虛席，甚至外面出現人龍」的話——那麼，今晚就去這家準沒錯！

朴君家年糕鍋　박군네 즉석 떡뽁이

地址 서울 마포구 서교동 405-18　**電話** 02-8885-3111

想點餐，可是有暗號的……

　　找位置坐下後，在服務生面前揮手大叫「여기요(這邊啊)～」但他們都沒有理我，正開始生氣的時候，才留意到其他桌的人叫的是「박군아(朴君呀)～」服務生才會走過去。原來這裡的服務暗號是「박군아(朴君呀)」！

　　海鮮和起司的配搭絕對是天造地設，愛吃菜的人可以再加一份蔬菜，貪心一點的可以加點魷魚、餃子或其他配料。全部倒進鍋內，美味滿溢的年糕鍋完成後，最先要吃的是——泡麵！最後當然要加一個炒飯才算是完美。服務生還把炒飯砌成一個心形，加上吃到飽的冰淇淋，整頓午餐下來真是幸福！

朴君家年糕鍋
和冰淇淋

黃豆芽炒豬肉鐵板店　콩불

地址 서울 마포구 서교동 345-2 1층　**電話** 02-322-3545
網址 www.kongbul.com

在這裡，黃豆芽才是主角！

　　店名的意思是「콩나물(黃豆芽)+불고기(炒豬肉)」，再加一個鐵板，就是這裡的主角了。此外還提供其他配料，可以加起司、魷魚，或手打烏龍(烏冬麵)，或是點個套餐也不錯。個人覺得魷魚有點硬，沒有太好吃，但烏龍麵跟炒豬肉卻非常出色，最後當然也是要來個作為「完美句號」的炒飯！這樣一個套餐才不過每人5,500韓幣，難怪會成為學生們的飯堂了！

美味的黃豆芽炒豬肉

黃豆芽炒豬肉店內

Shopping 逛街趣

無論是少女風、優雅熟女風、懷舊風，都在弘大！

不論喜歡什麼風格，只要是年輕人(或擁有年輕的心)，都可以在弘大找到自己喜歡的**Style**。那……年輕人現在流行的是什麼？大學生們又喜歡什麼玩意？來弘大就一清二楚！

Little Dress　리틀드레스

地址 서울 마포구 서교동 396-6　**電話** 02-323-4566
網址 www.littledress.co.kr

在Little Dress能找到的豈只是小洋裝！

　網上商店Little Dress在弘大開了這間off line服飾店，讓喜歡它們家衣服的女孩能夠親自到店內挑選合適的服飾，還可以試穿，不用怕在網上訂購，送回家才知道太大太小太鮮艷。Little Dress走的是有點復古的少女路線，但也帶點個性，主要看每個人的配搭，帶出不同的感覺。這就是時裝好玩的地方！

La Epice　리이피스

地址 서울 마포구 서교동 394-13 1층　電話 02-325-0627
網址 www.la-epice.com

服飾店？首飾店？兩者MIX

　　La Epice是一個很有趣的空間。從店面來看會以為是少女服飾店，但走進店內又會發覺是以量身訂做的首飾為主，當中以結婚戒指和情侶對戒最受歡迎。衣、戒兩種不同風格的服務，讓不同喜好的族群都能舒適地在店內挑選喜愛的品項。

　　韓國情侶很流行配戴情人對戒，就好像他們喜歡穿款式一樣的情侶裝般。要不要入境隨俗，為自己和另一半訂做情侶戒指表達心意呢？

and A　앤드에이

地址 서울 마포구 서교동 486　電話 02-322-9511

在and A，特別容易挑到喜歡的衣服

　　在弘大的主要大街上一家接一家的服飾店，為什麼我會獨愛and A呢？店面普通的and A，店裡的衣服排得很擠。你以為要找到喜歡的衣服很困難，就像在東大門一樣？當然不會！在and A找到設計特別、可穿性高的衣服機率極高，每次到這我都能找到喜歡的服飾，這就是我特別喜歡and A的原因！(也是我荷包扁掉的原因！)

弘大，年輕街頭文化與設計藝術的搖籃

在轉角發現的塗鴉、在街頭的樂隊演奏、為年輕設計師提供販售場地的KT&G想像空間、弘益大學的藝術學院氛圍……這一切元素，融合成為弘大的獨特個性。

弘大購物圈人潮裡的綠洲：KT&G

除了弘益大學，在弘大周邊最矚目的另一座建築物一定是KT&G想像空間了。連地下室共11層的KT&G想像空間，1樓的Design Square都是韓國年輕設計師的心血結晶，也是最多人參觀的地方，但我最喜歡的，卻是在地下4樓的小電影院。電影院就像鬧市中的一個小綠洲，小角落擺滿大量不同的書籍，關於設計的、繪畫、攝影，或小說、漫畫，在外面走累了，就進來喘息一下，吸收一刻的文化氣息。至於2樓的畫廊，不時展示現代藝術的作品，5樓的Studio則長期設有攝影展覽，且入場免費。在弘大的購物街擠久了，不如到KT&G想像空間暫時讓神經放鬆一下，再出發衝刺吧！

01

02 2F Gallery

03 4F Academy II

KT&G想像空間
상상마당

地址 서울 마포구 서교동 367-5
網址 www.sangsangmadang.com
電話 02-330-6200

01 1樓的Design Square
02 2樓的畫廊
03 4樓的攝影Studio

弘大自由市集

地址 弘大斜對面．弘益公園內
網址 www.freemarket.or.kr
開放期間 3～11月
　　　　　週六13:00～18:00

關於夢想、創意、藝術的園地

　　來到首爾，最意想不到的是大大小小的藝術市集，令我也興起了擺攤的念頭。而藝術市集中的第一首選，一定是每週六在弘益公園舉行的弘大自由市集(홍대앞 예술시장 프리마켓)！年輕的手創設計師、藝術家，把自由市集化成自己的夢想工房。不少年輕人從弘大藝術系畢業，就在自由市集擺攤，累積經驗，也作為未來開設自家店鋪的試點。像在狎鷗亭開手作首飾店的GU(見P132)，就是在自由市集擺攤7年，終於開了自己的小店。所以，來自由市集，除了欣賞年輕人的創意作品，也可以感受他們對夢想的熱情和那份堅持！

很受歡迎的人像繪畫攤位

如果想成為擺攤或表演(自己親自製作的作品或自創音樂演出)的一份子，只需把個人資料、物品項目、作品說明、代表照片5張(或MP3音樂檔)寄到artfreemarket@hanmail.net，一週內就會收到回覆！

街頭塗鴉藝術

誰都可以是藝術家——弘大街頭繪畫風景

　　街頭文化其中一項是Hip-Hop，而代表的繪畫就是街頭塗鴉(Graffiti)，也就是在弘大隨處可見的街頭景象之一。走在巷弄中，不同風格的噴漆塗鴉或有意思的繪畫，都令本來平平無奇的牆壁煥然一新，也為這裡增添不少藝術感。

　　拿起相機，遊走在巷弄裡，拍下那在轉角處蹦出來的色彩吧！

GRAFFiTi @홍대

貼滿貼紙的安全鏡

我在弘大自由藝術市集，賣手作！

難忘的一日夢想實現

弘大的自由藝術市集除了逛街之外，還可以成為擺攤者喔！我就是通過電郵申請，成功當了一天的手作「藝術家」！(臉紅)～

其實也很簡單，只需把自己製作的任何手作／藝術品照片5張，連同手機號碼、物品項目內容和說明，寄到artfreemarket@hanmail.net。如果想到它們的afternoon stage表演，就要把自己創作的音樂MP3檔寄過去。一星期後沒回覆的話，可以再發一次。

至於我，因為他們覺得我的作品不太適合這個藝術市場，但他們可以給我一次特別的擺攤機會，算是了我的心願！

為了趕上擺攤的日子，每天都很用心地做小手作飾物。材料是從香港帶過來的，主要是懷舊風的別針、電話繩、髮夾等等。最後做了大概70個左右的飾物，還真的蠻累，不過也是我的小興趣，最希望當然是把它們全部賣出去，找到喜歡它們的主人！

擺攤的日子終於來臨了！12點開始登記，長期擺攤的人很早就到了，因為他們每次都要抽籤決定擺攤的位置。而我呢，則有一個特別的區域「New Artist」，但我又跟旁邊一起擺攤的人不太一樣。雖然他們也是首次擺攤者，但這次成績好的話，就有繼續擺攤的機會，可惜我就沒有了:(

手作材料是從香港帶過來的

排隊等抽籤

緊張～～

1 第一次當攤主的我，韓文又說得不好，也不懂怎樣推銷，很尷尬……只好一直假裝整理那些飾物，其實根本沒有亂XD

2 我的客戶出現了！他們總共買了兩個別針，是我的大客戶啊！還要求跟我合照一幅，讓我有點不好意思呢……

畫家，只需給他照片，就可以現場繪成名片，而且只要1500韓幣，生意怎可能不好？

成功的幫我推銷，把一條掛繩賣出去，還買了一個我做的髮夾送給女朋友，實在是「人間有情」！

3 時間尚早，還沒進入狀況的我，居然可以笑得那麼燦爛！

4 意外認識了隔壁攤的韓國畫家，最初聽到他忘了帶椅子，所以就問他要不要坐一下我的椅子(其實椅子是從我上烏克莉莉課的弘大咖啡店借回來的)，就這樣聊起來了。

畫家替我畫的名片，上面是我最愛的小貓貓！

5 來看我的好朋友，買了一條掛繩，算算看，原來打的友情牌占了我生意的三分之一！所以……其實全天我只賣了6個><

Life Meets Art :
THE FREEMARKET
(HongDoeAp ArtMarket FREEMARKET)

當生活遇見藝術：弘大自由市集。這是今年才開始在現場發送的傳單，裡面有講解參加的辦法

在市集擺攤是我的夢想之一，終於在韓國實現了。當然賣得好的話會令這個夢更完美，但是得到這種經驗，還是比賺到錢更重要！不過我還是想問一下，有想買我做的手作飾物的人嗎？哈哈～

梨大

大學區

이대

韓國最有名的「梨花女子大學」所在地;根據非正式統計顯示,梨大的漂亮女生比率最高;還有,女生們都喜歡到梨大商圈購物,但男生卻永遠只有陪伴的份兒。所以梨大,是屬於女孩子的!

" 梨大,就是女孩子的天堂! "

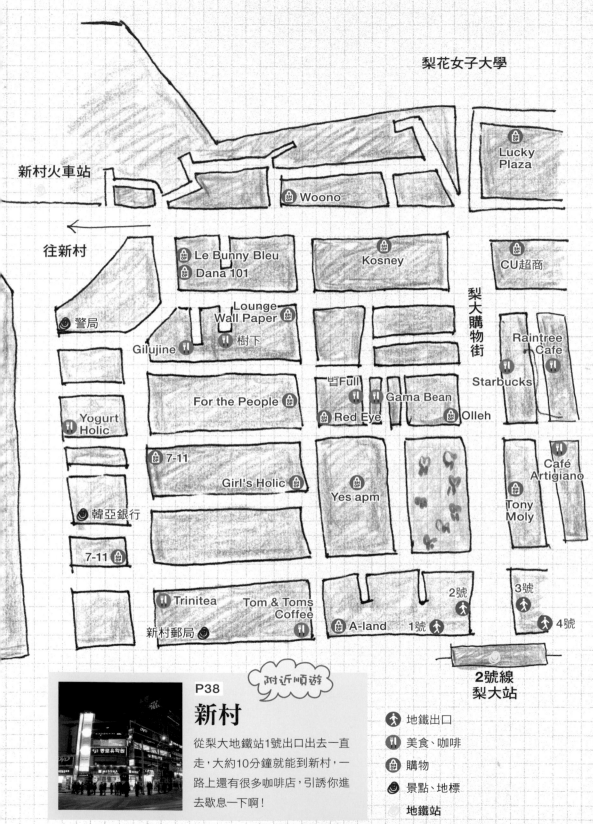

梨花女子大學

新村火車站

Lucky Plaza

Woono

往新村

Le Bunny Bleu
Dana 101

Kosney

CU超商

警局

Lounge
Wall Paper

Gilujine

樹下

梨大購物街

Raintree
Cafe

Starbucks

For the People

빕Full

Gama Bean

Yogurt
Holic

Red Eye

Olleh

Café
Artigiano

7-11

Girl's Holic

Yes apm

Tony
Moly

韓亞銀行

7-11

3號

2號

Trinitea

Tom & Toms
Coffee

A-land

1號

4號

新村郵局

2號線
梨大站

P38
新村

附近順遊

從梨大地鐵站1號出口出去一直
走，大約10分鐘就能到新村，一
路上還有很多咖啡店，引誘你進
去歇息一下啊！

🚶 地鐵出口

🍴 美食、咖啡

🛍 購物

◉ 景點、地標

地鐵站

나무아래

나무아래
Hand Drip Coffee & Chocolat

핸드 드립 커피
(hand drip coffee)

Kalossi Toraja
Brasil Santos No.
Ethiopian Yirgache
Colombia Suprem
Tanzania-A
Guatemala Antiquo
Dutch cof
Siphon

Hand made chocolate | Waffle H
Me Art

Coffee 咖啡館

隱身於小巷的咖啡店，
是女生的聚集地

老師說，女子大學附近一定會有很多炒年糕店和咖啡店，讓女生們放學後一邊
吃年糕或喝咖啡，一邊談八卦。我問：「那男生呢？我也見到男客人啊！」
老師搖搖頭回答：「那些男生都是被喜歡的女生逼著去的！」
在梨大附近的咖啡店，我印證了這個理論：果然，咖啡店內的客人不是一堆女生
就是一對情侶！那男生們都去哪？當然是──酒屋「술집」！

못생긴 고양이
마코

Gama Bean live sketch 가마빈

地址 서울 서대문구 대현동 56-31   **電話** 02-4218-4680

像童話故事裡的溫馨小屋

要不是因為迷路，也許就跟Gamabean擦身而過。小巷內的Gamabean，從裡面透出的溫暖光線，在寒冷的冬天就像童話故事中，賣火柴的女孩看到的那戶溫馨家庭般。

而實際上，Gamabean的確是一家由夫婦2人合力經營的小咖啡店。點了一杯Hand Drip咖啡，文質彬彬的先生便熟練地拿起櫃台前的咖啡工具，用心地為我沖調咖啡。有一次因為沖調的味道不對，試味後把整份咖啡倒了，又為我重新做一杯。對於咖啡，他絕對是百分之百的認真！

而溫柔的太太則打點店內的打掃工作，也親手製造各式各樣的蛋糕和三明治。問先生最好吃又跟他認真製作的咖啡最對味的食物：「當然是我太太做的乳酪蛋糕！」

沒有誇大的成份，嘗過一口乳酪蛋糕，就知道原因了。

·100ml· ·200ml· ·350ml·

· 濃縮咖啡原液 100ml / 8,000 圓
　　　　　　　200ml / 14,000 圓
　　　　　　　350ml / 24,000 圓

Raintree Café

地址 서울 서대문구 대현동 53-15 2층　**電話** 02-6406-2172

東南亞風情的旅行咖啡屋

　　Raintree Café那充滿東南亞熱帶風情的門外招牌，把我帶進狹窄的小樓梯，走進咖啡店。牆上貼滿了店主旅行時帶回來的地圖、明信片，桌子和陳列櫃上放著的都是旅遊紀念品，書架上是世界各地的旅遊書，當然還有一本本充滿旅遊回憶的相簿。整家咖啡店散發著一種異國風情，彷彿自己不是身在韓國，而是在東南亞某小島沙灘上的小草屋般。

　　店主夫婦結婚之前，經常一起背著背包周遊列國，結婚之後就安定下來，開了這家以旅行為主題的咖啡店。跟店主分享旅行的小故事，好像也去了一趟小旅行一樣！

所有物品都有它們背後的小故事，就像是一家收藏旅行回憶的博物館

01

02

03

04

05

法式吐司配烤香蕉和糖漿,烤過的
香蕉原來跟奶油乳酪這麼相襯啊!

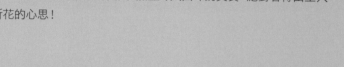

Gilujine Cuisine 길우진 퀴진

地址 서울 서대문구 대현동 37-62 1층
電話 02-393-7313
網址 gilujine.blog.me

化身優雅的巴黎女孩,嘗一口三明治的美味

　　隱身在小巷內的咖啡店,外觀看起來就像巴黎女
生一樣,優雅而有氣質。而嚴格來說,Gilujine是一家專
賣Brunch和三明治的餐廳,為什麼這樣說?因為由女店主所做
的Brunch和三明治的美味已超越了咖啡的地位,每次來到Gilujine
Cuisine,都在興奮的想這次該選那一款食物,而咖啡,永遠也只是
Americano或Cappuccino兩者之一。店內的裝潢也是一派法國情
懷,配上跟環境相襯的餐具,加上令人回味的美食,絕對看得出主人
所花的心思!

樹下 나무아래

地址 서울 서대문구 대현동 37-59
電話 070-8116-2209
網址 blog.naver.com/treearea

咖啡種類花樣多

　　雖然「樹下」咖啡店位置隱蔽,但其實他
們的咖啡已為這小小的店累積不少名氣。
打開「樹下」的Menu,單是Hand Drip咖啡
已經有10多種選擇,再加上他們自豪的拉花
圖案咖啡,全部試完大概要1個月!

　　點了一杯有可愛小豬圖案拉花的卡布奇諾,即使只有
我一個人,坐在我對座的小熊熊布偶和咖啡上的小豬,卻
讓我心頭暖暖。

手工巧克力是另
一個招牌強項,隨
咖啡附送,充滿濃
郁香味卻不會太
甜。嫌不夠還可追
加巧克力套餐喔!

01,04,05 Gilujine Cuisine
02,03 樹下

Shopping

逛街趣

姊妹淘，在梨大
要小心控制購物慾！

女孩子除了喜歡跟朋友八卦，另一強項一定是購物！在被女生包圍的梨大購物區，又怎能沒有女孩子最愛的服飾店？除去那些服務太「熱心」的店員們，梨大的服飾價格和衣服種類，絕對是窮學生的不二選擇！

Woono

地址 서울 서대문구 대현동 34-49
電話 02-393-3876

耳環

深受梨大女孩們喜愛的首飾店

　這家面積不大的手工飾品店，在梨大的女生圈中一直是超人氣，店內經常擠滿剛下課的女生，在閃閃發亮的飾物中挑選適合自己的風格，在鏡前左比右試，甚至結帳時連包裝都不用，直接就把耳環戴上，歡天喜地的離開。

　店內首飾走的都是非常女孩子的路線，可愛型、高貴型、氣質型，都能找到適合自己的款式。配戴了這裡的飾物，整個人的舉止彷彿都變得更有女人味了！

Dana 101　다나 101

地址 서울 서대문구 대현동 37-5　**電話** 02-363-7937

用便宜的價錢，買最流行時髦的鞋子

　　雖然Dana 101的鞋子是工廠大量生產的款式，但設計時尚，也有個人風格，而且價位較低，適合容易喜新厭舊的女生，即使一段時間後穿膩了，也不會覺得很心疼。店內貼滿了「對不起我愛你」的女演員玉志英(옥지영)和「檢察官公主」崔松賢(최송현)的照片，看她們怎樣演繹Dana的鞋子，也許能帶給人一點穿搭靈感。所有鞋子都只需39,000～49,000韓幣，CP值這麼高，看上眼就很難不買下來了！

01 Le Bunny Bleu鞋子。我
最喜歡的是短靴，不過跟
內藏的鞋跟無關喔(心虛)
02 Woono
03 Lounge Wall Paper

Le Bunny Bleu　버니블루

地址 서울 서대문구 대현동 37-5　**電話** 02-395-2078
網址 www.lebunnybleu.co.kr

充滿童趣的小店，融合多元風格

　　來自紐約的Le Bunny Bleu，招牌上那隻可愛的小兔子，或許會讓人以為店內都是可愛少女風吧！但只要走進，就會發覺除了少女風的甜美，店內還有浪漫復古、時尚有型、個性隨意等風格。而我最喜歡的，則是衣服的顏色配搭——鮮明獨特之餘又不會顯得突兀，穿上後的感覺舒適，即使走上一天的路也不會覺得不舒服。這家店的平底鞋很熱賣，不過內藏鞋跟的悠閒鞋款也是暢銷的款式，誰不想偷偷增高幾吋呢？

Lounge Wall Paper　라운지 월 페이퍼

地址 서울 서대문구 대현동 37-6
電話 02-393-7695

別怕擠，在人潮中找尋亮眼的心儀好物

　　除了Woono，Lounge Wall Paper也是梨大女生經常在裡面黏住的店家之一。
　　喜歡它，是因為店主的品味，令女生們總是很容易就找到喜歡的衣飾。不喜歡它，是因為它經常都擠滿了人，想試穿的話總要等上一段時間。加上每次來Lounge Wall Paper，總是得花錢，但這不能怪它吧，我知道了。

新村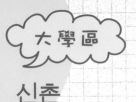

신촌

新村，位處三大學府中間，地理上已註定新村必然成為學生們的第一聚會地點。各式各樣便宜又美味的餐廳、夜夜笙歌的酒吧和酒屋、成排的咖啡店、女孩子最喜歡的美妝品店，還有靠近學校的考試院和下宿，令新村不論日夜，都擠滿約會中的年輕情侶，或一群群充滿朝氣的大學生。

在新村，到燒肉店飽餐一頓，然後到咖啡店坐一會，想想下一站先到酒屋還是KTV，整晚下來肚子又餓了，找家24小時的小店吃頓宵夜才回家，這就是大學生們每週五六的일정(行程)！

古心意烤魚店

W Hou
考試

7-11

滄西小學

Caffé Bene

滄川文化公

Hellography

現代百貨

Café H

" 年輕、朝氣、亂中有序的美食天堂 "

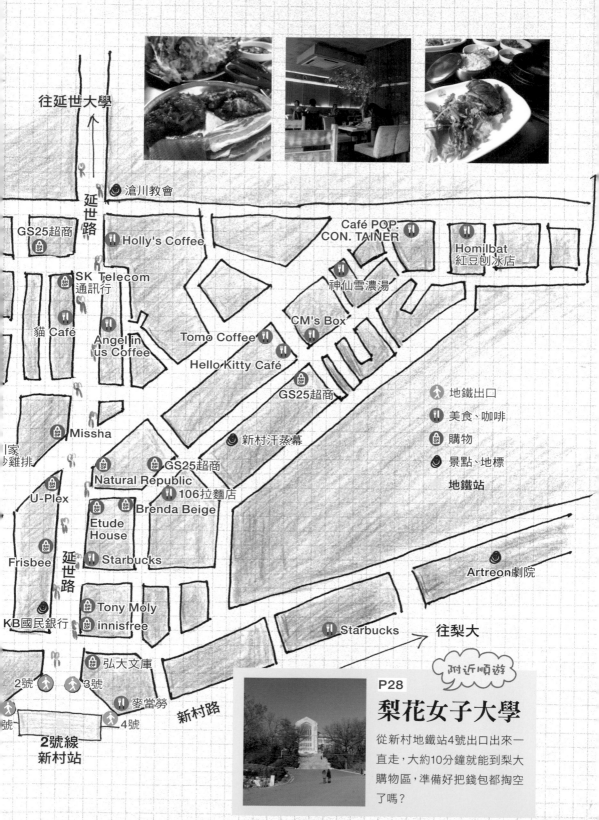

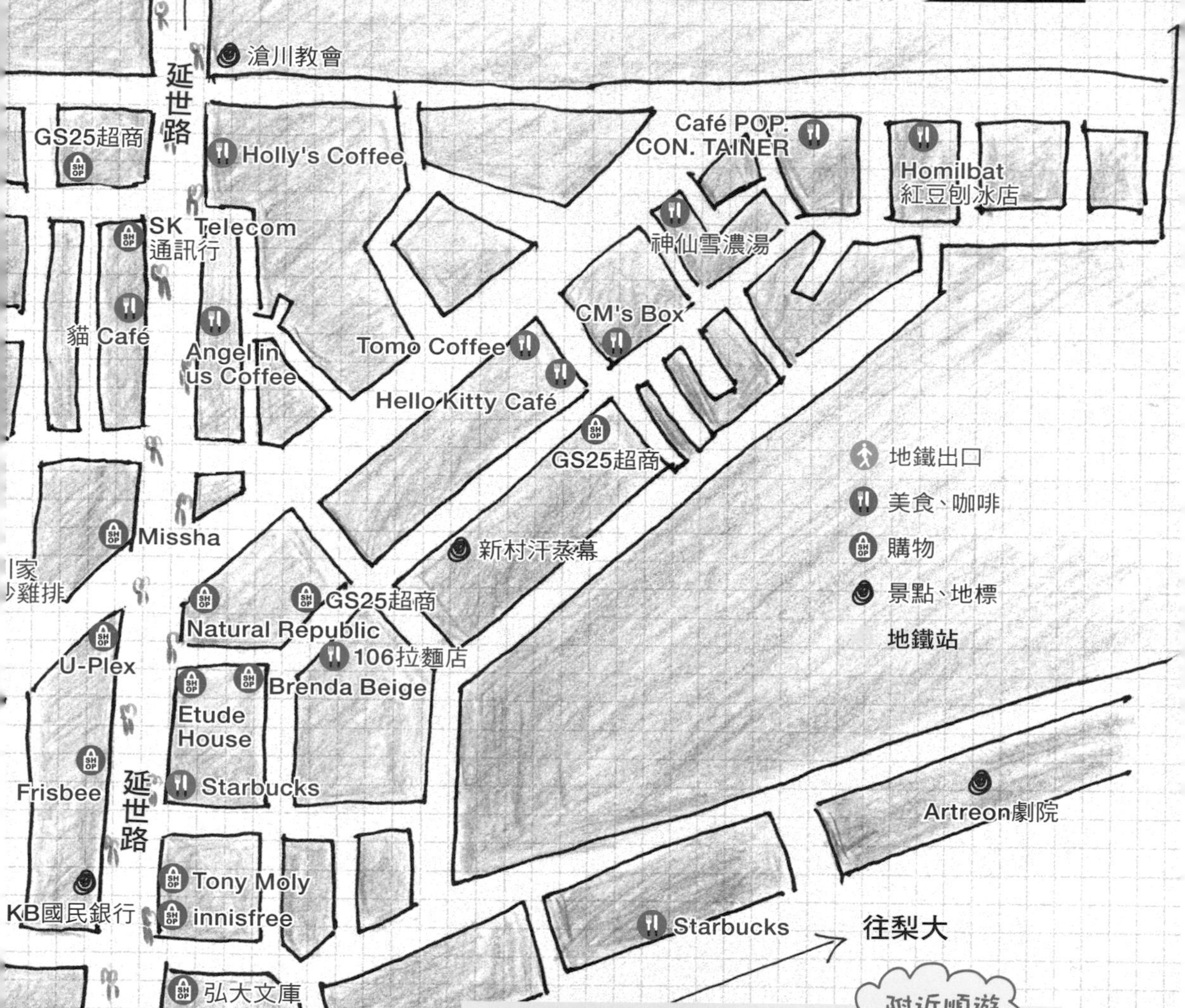
往延世大學
滄川教會
延世路
GS25超商
Holly's Coffee
Café POP. CON. TAINER
Homilbat
紅豆刨冰店
SK Telecom
通訊行
神仙雪濃湯
貓 Café
Angel in us Coffee
CM's Box
Tomo Coffee
Hello Kitty Café
GS25超商
Missha
新村汗蒸幕
GS25超商
Natural Republic
106拉麵店
U-Plex
Brenda Beige
Etude House
Frisbee
延世路
Starbucks
Artreon劇院
Tony Moly
KB國民銀行
innisfree
Starbucks
往梨大
弘大文庫
2號
3號
麥當勞
4號
新村路
2號線
新村站
地鐵出口
美食、咖啡
購物
景點、地標
地鐵站

附近順遊

P28

梨花女子大學

從新村地鐵站4號出口出來一直走，大約10分鐘就能到梨大購物區，準備好把錢包都掏空了嗎？

Coffee 咖啡館

集自修室、聊天室、工作室
於一身的咖啡店

在新村的咖啡店，最常見到的一定是一個或幾個學生在溫習。不然就是用手提電腦
工作的上班族。也可以是閒聊得興奮過頭的女生，或熱戀中的情侶在竊竊私語。在咖
啡店，年輕人們用不同的方式燃燒他們的青春歲月。

Café Haru 하루

地址 서울 서대문구 창천동 30-13 2층　**電話** 02-336-3944

享受陽光透窗的午後咖啡時間

在現代百貨店附近，抬頭望上2樓，就會看到這家咖啡店。坐在窗邊看著外面的車來人往，好像會更珍惜悠閒地坐在咖啡店的時光。

週末來到Café Haru，要找到個位置可以說不太可能，但平日來到這裡，坐上2個小時也沒有太多客人，也是我最喜歡的氣氛——靜靜的看書、發呆都悉隨尊便。隨咖啡送的餅圈也好香脆美味喔！

Tomo Coffee 토모 커피숍

地址 서울 서대문구 창천동 13-1　**電話** 02-392-5345

Tomo的甜點，專門滿足女孩子第二個胃

據說女孩子都有第二個胃，即使嘴裡說「很飽」，但要吃甜點的時候又有空間吃下去。

來到Tomo Coffee是在一個飽餐後的下午，但看到外面的甜點模型，還是忍不住推門進去。店內是一片藝術氣氛，牆上畫滿感性的繪畫或詩句，大窗戶外的陽光盡情灑進放了一排小樹的咖啡空間。

除了自家做的甜點和鬆餅，咖啡豆也很講究，絕對是家用心經營的個人咖啡店。溫熱的巧克力布朗尼味道濃郁豐富，即使吃得多撐，最後還是會舔著叉子，心想：「再來一份就好了……」

溫熱的布朗尼是
咖啡的好朋友

Café POP. CON. TAINER的個性桌椅

Oreo餅乾刨冰是POP. CON. TAINER的名品

OREO 餅乾
OREO 餅碎
刨冰
Pyrex
1L
· OREO BINSU ·
· 오레오 빙수 ·

Café POP. CON. TAINER 팝컨테이너

地址 서울 서대문구 창천동 5-11 1층　**電話** 02-313-9979

除了咖啡，溫柔體貼的男店主也是賣點之一

　　店家外觀看起來就像一個有窗戶的貨櫃，夾在樓層之間。登上兩層樓梯，就是Café POP. CON. TAINER的個性咖啡空間。

　　店內放置的不是一般的桌椅——椅子是大豆袋椅，讓人坐下後就不想再起來，桌子則是由搬運貨物的卡板疊起組成，營造粗獷感。

　　這家店主是個建築系畢業的年輕男生，長期駐足在店內的他對客人非常體貼，當我坐在風較大的窗邊時，他立即走過來為我關窗，見到我用電腦又為我打開旁邊的檯燈。也許是因為這個原因，這裡的客人還是女生占大多數。

貓工房咖啡店 고양이 다랑방

地址 서울 서대문구 창천동 33-20 8층　**電話** 02-338-3123
網址 www.godobang.com

卡片

療癒系的小貓們，是駐店大使

　　在首爾，也許大部分的住宅都不能飼養寵物的關係，所以出現了很多貓狗咖啡店，而且很受學生們歡迎。身為貓癡的我，當然要拜訪一下，看看韓國的貓貓會不會可愛一點？

　　要進貓工房咖啡店，先得在外面的置鞋區換上他們的拖鞋，小貓貓不知何時已靜悄悄地伏在拖鞋上！在櫃台有消毒搓手液，要先用它來清潔雙手，才可以觸摸小貓，也不可以餵牠人的食物或飲料，也不能用閃光燈、不可以強行把小貓拉到身邊，不過這些都是為了小貓貓著想，愛貓的人又怎會想傷害牠們呢？

　　這裡的貓咪大概有10來隻，已經很習慣跟人相處，不怕人之餘還很黏人，不時跑來跑去，好像在做表演一樣。女孩子們撫摸著小貓，一臉幸福滿足的樣子——説寵物能慰藉人的心靈，千真萬確！

Shopping 逛街趣

美妝店和餐廳外，新村，還是有值得花錢的好地方

相信大部份人來到新村，主要都是為了林林總總的食店，或者貨品充足的各式化妝品店。但其實，新村還是有好幾家特色店舖，為新村增加一點個性和風格！

Hellography　헬로그래피

地址 서울 서대문구 창천동 72-14 1층　電話 02-322-4659
網址 blog.naver.com/hellography

從今天開始，製作自己獨一無二的旅行日記本吧

　　喜歡旅行的人，大概也喜歡攝影。如果在旅程中，做一本屬於自己的旅行日記本，記錄旅途中的一點一滴，將來重新翻閱這些回憶時，一定會慶幸曾經用心記錄過。

　　要找旅行日記本的製作靈感，一定要到Hellography。除了相簿、手作日記本、紙膠帶，在Hellography還可以即時製作自己設計的相片裝飾，或把照片製作成卡片，再加上自己的可愛手繪，讓單純的照片變成心意滿滿的禮物。Hellography還有大量Lomo相機和拍立得，即使沒打算要買的人，也很容易會被那些獨特的相片效果所迷倒。下定決心，由今天開始製作屬於自己的旅遊日記吧！

Brenda Beige

地址 서울 서대문구 창천동 18-18　電話 02-393-2129

店主的品味讓衣服搭配更有吸引力

　　新村沒有太多服飾店，但還是有一家店每次經過都能令人駐足，這就是在巷子內的Brenda Beige。先是外面衣架上的價格把人吸進店內，然後是復古碎花洋裝配軍裝、花邊衛衣配圖案長外套、懷舊花紋毛衣配鮮艷圍巾……一套套搭配好的衣服都令人想把它們立即穿在身上。

　　店主的時裝品味，令這家服飾店與其他普通店家有所區隔。在新村，除了找好吃的餐廳、逛化妝品店，還可以逛逛Brenda Beige，收穫一定更豐富！

Delicious 嘗美食

哪裡還有比新村
更便宜又美味的食堂？

暫時我的答案仍然是：「沒有。」

7,900韓幣吃到飽的燒肉店、5,000韓幣的泡菜湯配吃到飽小菜跟白飯、7,900韓幣的兩人份義式Pizza加飲料、3,500韓幣的黃豆芽湯飯配新鮮泡菜……也許是因為店家的競爭激烈，還有顧客群是學生的關係，便宜得有時還會擔心店主會不會虧本。太多選擇有時也很令人苦惱——究竟今天的晚飯要到哪家去？

古心意(音)烤魚店　고삼이 생선구이

地址 서울 서대문구 창천동 53-8
電話 02-324-1403

比起賺錢，更重視顧客的需要

在店外看到這個牌子：「돈보다 사람이 좋다」(喜歡人，更甚於錢)——只要到過這裡，就會明白這句話的意思。

鯖魚都是新鮮現烤。老闆為我們勾好菜單，還因為我們貪心點太多而建議減少一條魚——有這樣老實的老闆嗎？豈不是愛人過於愛錢的証明！

剛烤熟的鯖魚有點微焦，非常香口且油脂十足，筷子來筷子往，一刻也停不下來。泡菜湯雖比較酸，但味道濃郁，是我喜歡的味道。再加上老闆推薦的炒墨魚，雖然味道偏辣，但炒過的墨魚竟能保持鮮嫩多汁，沾上甜辣醬更是絕配！如果再讓各位知道我們每人只花了7,000韓幣就吃得那麼飽足幸福，就更能感受店家對「돈보다 사람이 좋다」這句話的實踐了！

01 烤魚、炒墨魚和泡菜湯
02 牆上貼滿了老闆跟客人拍的照片

CM's Box　씨엠스박스

地址 서울 서대문구 창천동 5-63 1층　　**電話** 02-312-0833
網址 cafe.naver.com/cmsbox.cafe

義式燴飯在石鍋裡來了個東西大融合！

用韓國的國寶「石鍋」盛載義大利的代表美食「義式燴飯」(Risotto)，令燴飯一直保持熱度，而且吃到最後還有韓式拌飯的重頭戲——鍋粑！那個放在桌上的蠟燭不是用來增加情調，是用來保溫，讓每一片Pizza入口時都溫熱香脆，再加上選擇種類極多的美味義大利麵，價錢更是「學生價」，難怪晚飯時間經常大排長龍！

另一個吸引人(特別是女孩子)的原因，就是關於這裡的傳言：「在CM's Box工作的都是帥哥！」不過經我多次驗証，只能失望地宣布：「這個傳言大概已成為歷史了……」

CM's BOX的義式Pizza有香脆餅皮

106拉麵店　일공육 라면

地址 서울 서대문구 창천동 18-11 1층
電話 02-312-7106

韓國另一種偉大的食物，應該是能挑戰米飯地位的泡麵了

通常把泡麵買回家，就只是用熱水把它煮熟，究竟韓國人如何把泡麵弄得更美味呢？來到106拉麵店，我才知道泡麵可以煮得很不一樣！

加了海鮮或午餐肉、香腸，再加上自製的湯底，令整個泡麵的味道提昇。店內還無限供應麵包、小碟糯米飯、雞蛋，還有沙拉和生魚片和作餐前菜。韓國男生的食量真的很驚人，我吃完那碗巨型泡麵後已經吃不下其他東西，但旁邊的男生卻是麵包塗了一片又一片，就往嘴裡塞，好像日本大胃王「小林尊」一樣！

要點拉麵的話要先自行在購票機購票喔！

如何買票？

購票步驟：

① 先從①～④中選好要的拉麵。

② 按 확인 掣。若按錯了可按 취소 掣從新再選。

③ 在 지폐넣는곳 入紙幣（10,000、5,000 及 1,000 圓）。

④ 在 ‥나는곳 拿回找贖及票，遞給職員便可。

① 해물 - 海鮮
② 부대찌개 - 部隊鍋
③ 장금이 - 長今（素菜）
④ 두반장 - 豆瓣辣醬

Homilbat紅豆刨冰店　호밀밭

地址 서울 서대문구 창천동 4-77 1층
電話 02-392-5345

必須經過漫長等待的美味刨冰

夏天時，外面總站著長長的隊伍，動輒便要等上1小時。即使是在冷颼颼的冬天，還是高朋滿座……究竟Homilbat有什麼魔力，讓人能抵受不人道的寒冷，再吃進更冰凍的刨冰？

綠茶、咖啡和水果刨冰都是人氣之選，但每款刨冰旁邊放著的小碗紅豆和小年糕，才是整個刨冰組合的主角！店裡最有名的就是紅豆，配上堆得像山一樣高的刨冰，還可加上自己點的各種配料。另外，比起綠茶和咖啡口味，我更喜歡水果刨冰，它不只是在冰上放水果那麼簡單，還澆上煉乳。既有新鮮水果，又有紅豆，還有煉乳味，完全把所有精華集合在一起，化成兩個字：「美味！」

現在，我終於明白在冰店外面的人龍，究竟在期待什麼了。

01 刨冰店的靈魂：紅豆年糕
02,03 看起來都很好吃的刨冰

勺起一小匙紅豆放到刨冰上面，然後放進嘴裡，刨冰立即融化，與綠茶和紅豆混合

惠化站大學路

대학로

來惠化站，不只有去駱山公園看藝術壁畫，其實每個地鐵出口都掛滿了大大小小的舞台劇海報，音樂劇、話劇、歌劇，每天都在大學路上的大小劇場內上演。藝術學校、劇場的存在，令大學路聚集了眾多的舞台藝術愛好者，具有文化氣息的咖啡店也越開越多。來大學路，不妨看一場舞台劇，再窩進咖啡店跟朋友討論劇情或主角的演技，盡情地讓自己浸泡在藝術氛圍中！

mo' Better Blues

東崇藝術中心

Beans Bins

10x

학전그린小劇場

大學路想像
Art Hall

未曾的

Starbucks

창조 Concert Hall

ABC Mart

1號

T.G.I. Fridays

大學

4號

4號線
惠化站

" 來大學路，看一場藝術表演 "

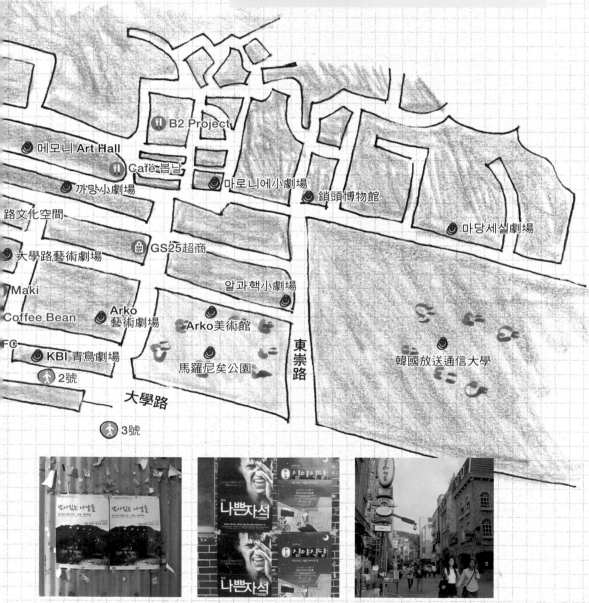

- ✈ 地鐵出口
- 🍴 美食、咖啡
- 🏠 購物
- ◉ 景點、地標
- ◉ **地鐵站**

附近順遊

P186

駱山藝術公園

在惠化站2號出口出來後，直走約5分鐘，經過馬羅尼矣公園轉左，看到鎖頭博物館，就是駱山公園的路線開始喔！

🍴 B2 Project

◉ 메모니 Art Hall

🍴 Café 봄날

◉ 까망小劇場

◉ 마로니에小劇場

◉ 鎖頭博物館

路文化空間

◉ 마당세실劇場

◉ 大學路藝術劇場

🏠 GS25超商

🍴Maki

◉ 알과핵小劇場

Coffee Bean

◉ Arko
藝術劇場

◉ Arko美術館

FC

◉ KBI 青鳥劇場

◉ 馬羅尼矣公園

東崇路

韓國放送通信大學

✈ 2號

大學路

✈ 3號

惠化站內，大街上，滿是舞台劇的宣傳海報

049

大學路，就是一個大劇場！

從Arko 藝術劇場拿到的大學路地圖，上面標示的大小劇場竟然超過100家！
驚訝之餘，也開始留意大學路上的獨特風景：滿街的宣傳海報、大廈外那小小的
像盒子一樣的售票亭、咖啡店內放滿各舞台劇的宣傳廣告，整個大學路本身就像
一個大劇場一樣。想看一場舞台劇，卻又擔心會看不明白？不用
怕，大型的舞台劇都會有英文字幕，小型的舞台劇也可以選容易
明白的表演藝術，某程度上不也是一種身體語言嗎？

窩進小劇場，與演員近距離

在大街小巷的小劇場旁邊都有一個小小的售票亭，貼滿宣傳海報和公演時間，選好時間，買好票，公演前20分鐘回到劇場便可。

1 留意傳單，撿便宜

在一些外面放著一排排宣傳廣告的小咖啡店購票，留意那「할인」(折扣)的字樣，會得到比售票亭便宜的票價折扣，還有一杯免費的咖啡！

小咖啡亭買票附送的免費咖啡

在咖啡店拿到的廣告

2 挑選要看的舞台劇

如果想選一些比較容易明白的，可以這樣問：「어떤 공연을 쉽게 이해할 수 있으세요?」(哪些公演容易看得明白呢？)

3 憑票至售票亭劃位

拿著從小咖啡店買到的票，到表演場所的售票亭換好當天的票和劃好座位。公演前20分鐘回到小劇場，準備好心情看一場舞台表演吧！

大型劇場推薦

Samtoh 藍鳥劇場
샘터파랑새극장

地址 서울 종로구 동승동 1-115
電話 02-747-2090
網址 www.isamtoh.com/blue_bird/blue_main.asp

Arko藝術劇場
아르코예술극장

地址 서울 종로구 동승동 1-111
電話 02-3688-0007
網址 www.hanpac.or.kr/hanpac/html/02_arko/
arko01.jsp

同德女子大學
表演藝術中心大劇場
동덕여대 공연예술센터 대극장

地址 서울 종로구 동승동 1-6
電話 02-940-4578
網址 www.dongduk.ac.kr/contents/
main/cor/showinfo.html

東崇藝術中心
동숭아트센터

地址 서울 종로구 동승동 1-6
電話 02-940-4578
網址 dsartcenter.co.kr/index_start.asp

劇場購票方法
- 小劇場只需選好想看的舞台劇，到售票處買票便可。
- 也可以在網上購票，大部分公演也會得到折扣。不少觀眾也是從網上購票，再到售票亭取票。在網上購票的好處是不定時有推廣活動，例如「情侶買一送一」的優惠就只在網上買得到了。不過網頁只有韓文喔！
- ticket.yes24.com
- category.gmarket.co.kr/listview/LTicket.asp
- ticket.auction.co.kr/Home/Main.aspx

coffee 咖啡館

大學路的咖啡店，
是藝術愛好者的交流天堂

即使不為那杯咖啡，也值得坐進某家咖啡店，感受凝聚在內的藝術氣息。

b2 Project Café

地址 서울 종로구 동숭동 130-11　**電話** 02-747-5435
網址 www.b2project.co.kr

美味無比的帕尼尼，
再配上北歐復古風
的餐具和餐桌，就像
一幅圖畫

在北歐古典情懷中，感受時光慢移

　　b2 Project Café店外放滿一盆盆綠色盆栽，感覺就像走過外國民宅的後花園一樣。單看店面會以為店內營造的是一種度假風情的氣氛，只有走進b2 Project才發現其實這裡的懷舊家具、餐具和陳列，都充滿北歐復古情懷。

　　特別的是，在店內擺放的家具或復古小陳列品，都可以在旁邊的同名家具店內買得到。也許是因為與設計家具店聯繫在一起，b2 Project Café內的所有餐桌和椅子都不一樣，每桌都能營造不一樣的氣氛感覺，但整體配搭上卻透出和諧的復古風和設計品味。

　　咖啡店最重要的除了環境，當然還有食物的水準！這裡的咖啡雖然沒有很特別，但帕尼尼(Panini)卻美味得驚人，而且分量足夠兩個女孩子分享，最適合在看表演前先填飽一下空虛的肚子！

店內的設計家具帶出時尚品味

Beansbins Coffee＋Book Traveler　빈스빈스

地址 종로구 동숭동1-44호1층　**電話** 02-741-4144
網址 www.beansbins.com

討論旅行計畫的私空間

　　Beansbins Coffee在首爾的分店有很多，但像大學路分店內設專門賣旅遊書的書店卻不多。在櫃台買一杯咖啡，就在書店內找個位置坐下，即使身在首爾咖啡店，被排山倒海的旅遊書包圍，隨手拿起一本關於希臘、肯亞、或一些不知名小國的旅遊書翻一下，也好像抽離了現實，在腦海中去了一趟長途旅行！又或者，跟朋友在Beanbins天馬行空地計畫下一個旅程，說不定就能立下決心，夢想成真？

01

mo'better blues 모베터블루스

地址 서울 종로구 동숭동 26 **電話** 02-762-3123

藍調咖啡空間

咖啡館以一部1990年的美國Jazz樂電影《mo'better blues》來命名，我想店裡一定會有很多關於電影的海報或Jazz音樂吧！

果然牆上掛著的海報和油畫給人一種憂傷的感覺，跟播放中的Jazz樂一同在mo'better blues營造一個藍調空間。每逢星期六、日，這裡總聚集了看完舞台劇的客人，在咖啡店內分享「觀後心得」，隨手拿起一張餐巾紙，畫的卻是比其他人更有藝術感的手繪。

也許是在這裡聚集的客人，令mo'better blues更顯得與眾不同！

01 共分3層的咖啡店
02 在mo' better blues的手繪
　 餐巾好像更有藝術感
03 店內空間感十足，讓人心情
　 也舒坦起來

02

03

Shopping 逛街趣

大學路的時尚，
除了年輕還要有個性

大學路上的店家，多是年輕時尚的**Style**，突圍而出的方法，
就是要有個性。年輕人，誰不想看起來與眾不同？

10X10 텐바이텐

地址 서울 종로구 동숭동 1-45 電話 02-741-9010
網址 www.10x10.co.kr

來大學路，一定要逛的韓國文具雜貨聖地

　　每次到10X10，都要做好跟別人肩擦肩的心理準備。當然了，那些設計精美可愛的筆
記本、文具、飾品，絕對俘虜年輕女孩子的心。

　　也許已經過了要用文具的時期(一.一)，我最喜歡的反而是在2樓的Living Shop。手作
的飾物、復古的行李箱、手製的肥皂都令人愛不釋手，不少更是只在10x10發售的東西。

　　像那一系列不同顏色的Lamecca復古行李箱，就是10x10專賣品。家裡已有5個不同
大小行李箱的我，還是有一刻的衝動想拿起它到櫃台付錢！

店內的衣服和飾品都
帶點甜甜的少女味道

未曾去過的地方　안가본데

地址 서울 종로구 동승동 1-67
電話 02-743-2151

更換新品的速度，快得不眨眼

　　店名的意思是「未曾去過的地方」。也許是因為它的飾品和衣服更新的速度，讓人以
為從來沒到過這家店！

　　這裡的服飾，都是年輕人喜歡的潮流時尚風格，手作飾物放滿陳列桌，簡單但像糖果
般的色彩設計令人眼花撩亂——究竟要那條粉紅色的鐵鍊手飾，還是那雙粉藍色的小
蝴蝶結耳環？啊，又陷入天人交戰中⋯⋯

Febrice de Villeneui

位於古老建築物1樓的Maki

Lowell Herrero.

Maki Heart & Home 마키

地址 서울 종로구 동숭동 1-61 1층　**電話** 02-741-7947
網址 www.makiwel.com

大人式的童話風格小物，帶人走進插畫家的世界

在一幢像古老歐式建築物內的Maki，令大學路上的這家店與其他Maki的氣質不同。

走進這裡就像走進創作者的幻想世界。一系列色彩繽紛的文具和家居用品，是用世界各地插畫家充滿童真的繪畫製成，而且每個系列都有它的小故事，只要用心留意就能發現！

光是關於貓咪的咖啡杯已達20種，每個咖啡杯上畫的貓咪都擁有不同的性格和場景，對於貓奴們來說，一定無法抗拒要把這些可愛的小貓咪帶回家！

Design 迷文創

一年一度的
大學路文化節

每天的秋天(大概10月左右)，在大學路都會舉行「大學路文化節」，至今為止已舉辦十多屆了。要在那段時間到首爾的話，可以到官網查一下舉辦日期。

大學路文化節

網址 chinese.jongno.
go.kr/chinaMain.do(休閒
娛樂活動→文化節/活動)

各式各樣的藝術手作班

　　文化節當天，整條馬路變身成一個大市集，學生們進駐每個帳篷，把他們做的手作飾物、繪畫或稀奇古怪的設計公開擺賣，也有各式各樣的藝術手作班，讓大家也能透過手作班輕易接觸到藝術，而文化節的背後意義也正是如此！

馬路上整天都有不同的組合輪流表演

　　藝術表演當然少不了音樂，在馬路上整天都有不同的組合輪流表演，全部都是年輕樂團或個人歌手，雖說很年輕，但總令人驚訝他們的演奏和唱歌技巧──也許就是因為對音樂的熱情，讓他們顯得特別燦爛奪目！

每個帳篷都在進行各種手作班和展覽，促進藝術交流

整條馬路只剩一線道，為的就是一年一度的文化節

人潮洶湧的大學路文化節

不同類型的組合在大學路上輪流表演，令觀眾情緒高漲

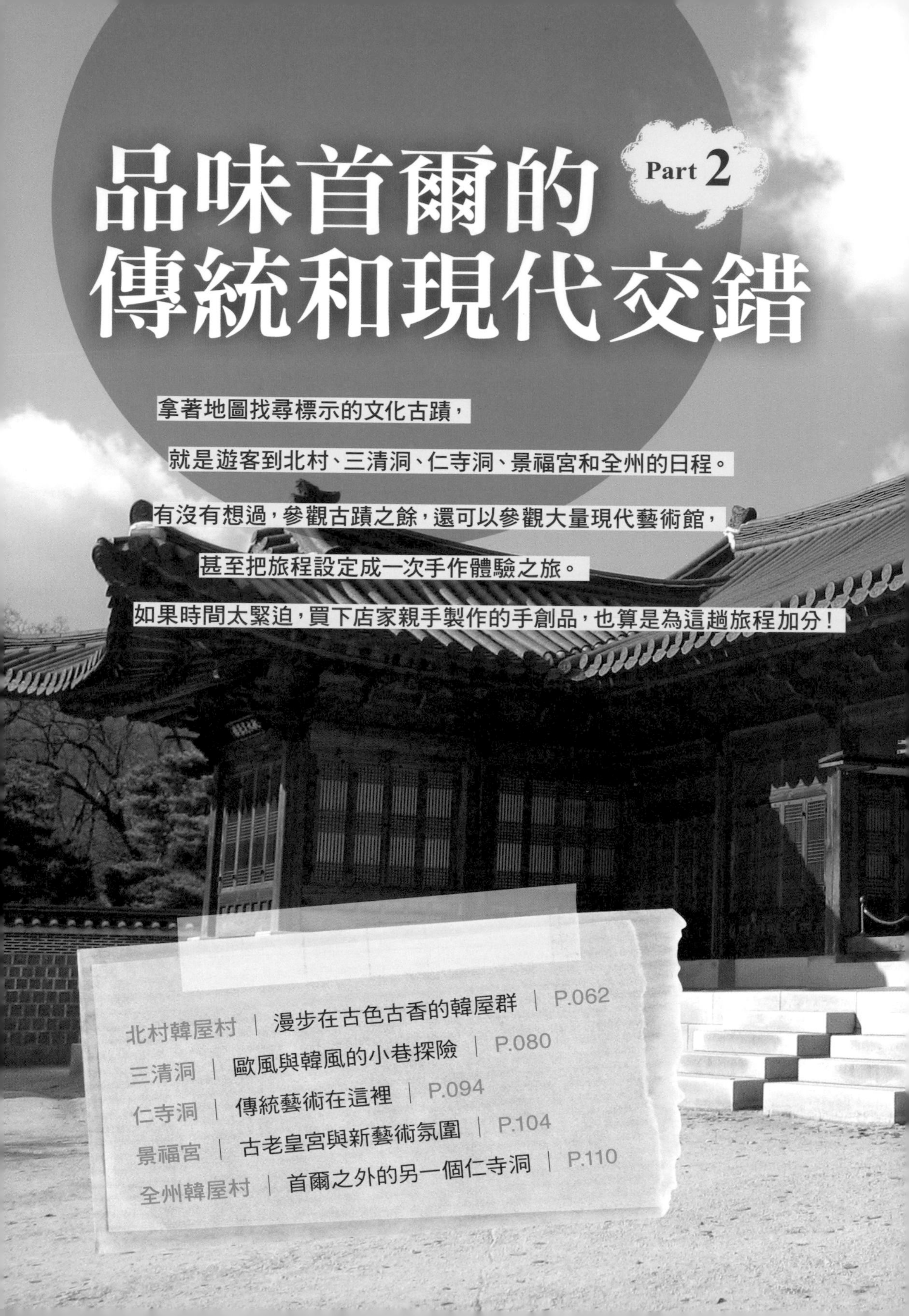

Part 2

品味首爾的傳統和現代交錯

拿著地圖找尋標示的文化古蹟，

就是遊客到北村、三清洞、仁寺洞、景福宮和全州的日程。

有沒有想過，參觀古蹟之餘，還可以參觀大量現代藝術館，

甚至把旅程設定成一次手作體驗之旅。

如果時間太緊迫，買下店家親手製作的手創品，也算是為這趟旅程加分！

北村韓屋村

복촌한옥마을

北村韓屋村這個名字，也許會讓人聯想到一組組古老的傳統建築，也許會讓韓流粉絲想起「冬日戀歌」、「個人取向」這些韓劇取景地點。只有慢慢在巷弄裡漫走，才會發現原來在北村韓屋村內，還有讓人放鬆心情的咖啡空間、手作工藝店，還有一個個為了夢想而搬到北村的手作小店家，提供15分鐘或4小時的手作課，豐富北村之行。來北村，除了北村八景的照片，還可以有更多收獲。最重要的是那份悠然的心情。

> ❝ 穿梭古老巷弄，感受時光之美 ❞

傳統屋簷

在北村的巷弄中，尋找傳統韓國建築的韻味

別忘了低頭看看路上的這些「Photo Shot」指示啊！跟著這個指示我拍到了一組密集的韓屋屋簷

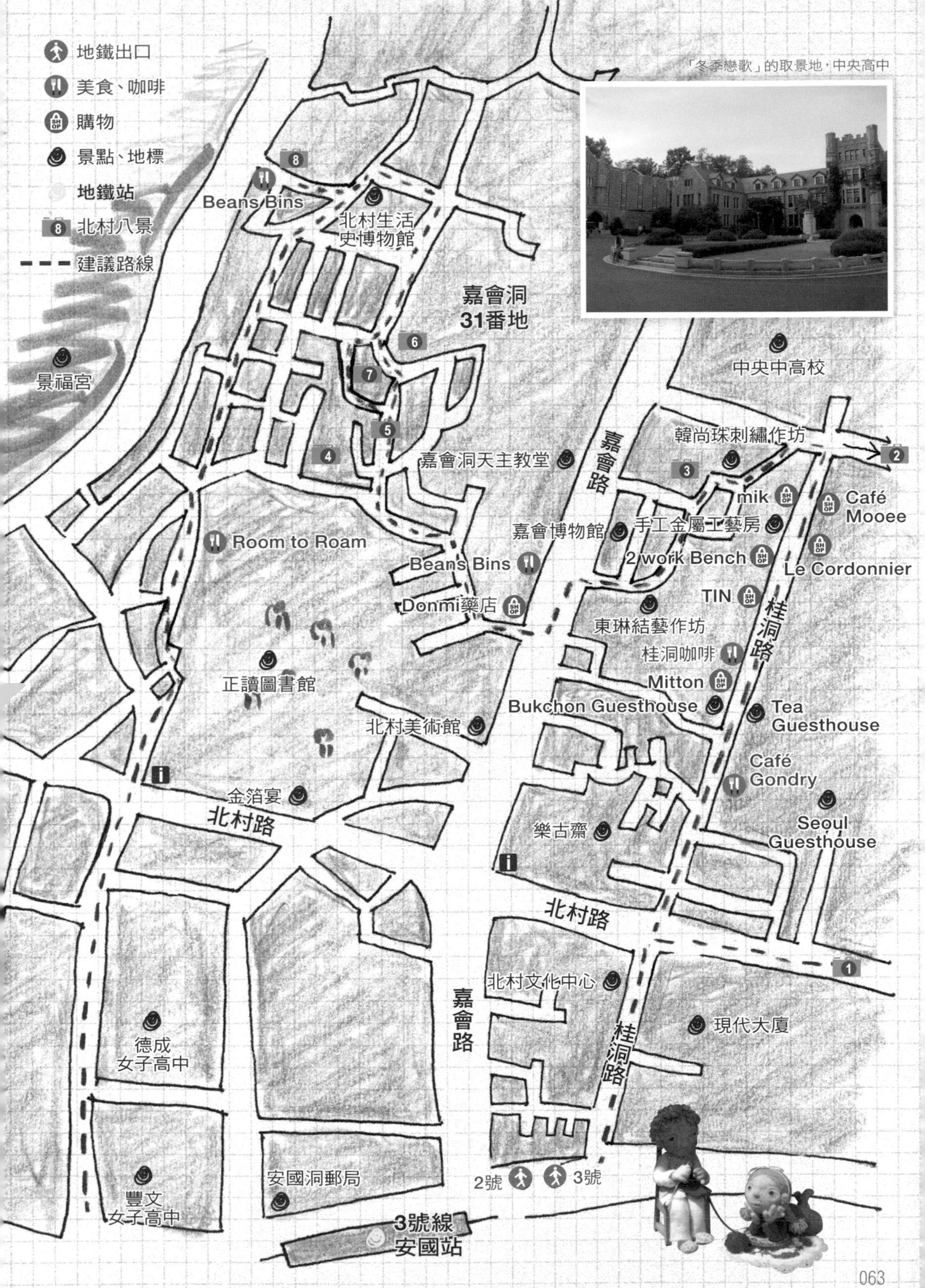

地鐵出口
美食、咖啡
購物
景點、地標
地鐵站
8 北村八景
- - - 建議路線

「冬季戀歌」的取景地，中央高中

景福宮

嘉會洞
31番地

8 Beans Bins

北村生活
史博物館

6

7

5

4

嘉會洞天主教堂

中央中高校

韓尚珠刺繡作坊

2

3 mik

Café Mooee

手工金屬工藝房

Le Cordonnier

Room to Roam

嘉會博物館

2 work Bench

Beans Bins

TIN

Donmi藥店

東琳結藝作坊

桂洞咖啡

Mitton

Bukchon Guesthouse

Tea Guesthouse

正讀圖書館

北村美術館

Café Gondry

金箔宴

Seoul Guesthouse

北村路

樂古齋

德成
女子高中

北村路

1

北村文化中心

現代大廈

嘉會路

桂洞路

豐文
女子高中

安國洞郵局

2號 3號

3號線
安國站

063

逛韓屋，體驗民俗工藝生活

韓屋是有形的文化遺產，而在這些韓屋內還藏著不同的無形文化遺產，那就是韓國的傳統工藝了。在北村內有許多不同的工房，可依照個人喜好參加，學習繪畫、橫笛、繩結、布藝染色、刺繡等等，把親手製作的傳統韓國手藝帶回家。

01,03 在幽靜的小巷內的韓尚洙刺繡展示工房
02 工房本身就是一組傳統的古韓屋

01　02　03

韓尚洙刺繡博物館　한상수자수박물관

地址 서울 종로구 가회동 11-32　**電話** 02-744-1545
開放時間 10:00～17:00(週一休館)
票價 成人3,000韓幣，學生(高中以下)2,000韓幣
網址 www.hansangsoo.com

體驗古代女子的一針一線繡手帕

　　刺繡匠韓尚洙是第80號的韓國重要文化遺產，這家作坊內展示了她所做的刺繡作品，也同時展示十七世紀的刺繡作品。作坊每天提供體驗學習課程，教授刺繡茶杯墊子和手帕，只需在博物館開放時間內申請便可，團體申請則要提前3天預約。

茶杯墊子：**7,000韓幣**
手帕：**10,000韓幣**

請務必到網站確認
資訊沒變喔！

嘉會民畫作坊　가회민화공방

地址 서울 종로구 가회동 11-103　**電話** 02-741-0466
開放時間 10:00～18:00(週一休館)
票價 成人3,000韓幣，學生2,000韓幣
網址 www.gahoemuseum.org

用一罐飲料的價錢，換一次傳統手作體驗

　　嘉會民畫作坊其實也是一所博物館，展示了韓國傳統的民畫，還有驅邪畫和護身符等這些比較少見的展覽品，反映新羅時代的民俗生活。就算對欣賞民畫沒有太大興趣，自己繪畫又怎樣？嘉會民畫作坊提供民畫體驗課，由2,000韓幣的壓印傳統面具到12,000韓幣的T恤繪畫可任意選擇，只需一罐飲料的價錢就能擁有親手製作一件傳統小工藝的體驗，CP值夠大了吧？

東琳結藝作坊　동림매듭공방

地址 서울 종로구 가회동 11-7　**電話** 02-3673-2778
開放時間 10:00～18:00(週一休館)
票價 成人2,000韓幣，兒童1,000韓幣
網址 www.shimyoungmi.com

重溫小時流行的繩結

　　記得小時候很流行中國繩結，書包總掛著幾個
七彩繩結鑰匙扣，但這股熱潮很快就退卻了。在
東琳結藝作坊展示的當然不是那種簡單的繩結，
而是韓國結藝聯合會會長沈永英女士用不同材
料製成的各種繩結工藝品和刺繡。有興趣的話可
以報名體驗學習課，用30分鐘製作簡單的手機吊
飾或小飾物，價錢由5,000～10,000韓幣不等，
團體也是要提早預約喔！

在東琳結藝作坊往下望，能看到一排
參差不齊的韓屋屋頂

韓屋住宿體驗

在韓屋住宿，除了可以在韓國傳統屋簷下生活外，民宿還提供各式各樣的傳統文化體驗，加深遊人對韓國傳統文化的認識。

01 民宿內放滿了漆器，供人慢慢觀賞
02 Tea Guesthouse
03 Bongsan Guesthouse外面也放了手繪的木板，很有藝術感

Tea Guesthouse

地址 서울 종로구 계동 131-1　**電話** 02-730-9118
網址 www.teaguesthouse.com　**電郵** tea@teaguesthouse.com
房價 單人房含衛浴80,000韓幣，雙人房含衛浴120,000韓幣

　　除了韓屋住宿，還是個傳統文化體驗館，即使不在此居住，也能來體驗製作韓國傳統
濁米酒、泡菜，或者試飲傳統茶、試穿傳統韓服。

泡菜製作	濁米酒製作
價錢：成人 **40,000韓幣**，小孩**30,000韓幣**	價錢：成人**80,000韓幣**，小孩**70,000韓幣**
時間：10：00～12：30／15：00～17：00	時間： 10：00～13：00／14：00～17：00
需時：2小時	需時：2.5小時

Bongsan Guesthouse

地址 서울 종로구 계동 73-6　**電話** 010-9859-9809
網址 www.bongsanhouse.com／www.bukchonart.com(藝術
中心的網址)
電郵 bongsan9809@gmail.com
房價 單人房含衛浴70,000韓幣，雙人房含衛浴100,000韓幣

　　同時也是Bongsan藝術中心的地點，展示羅成淑博
士製作的韓國傳統漆器，也提供製作漆器的體驗手作
課。

Bukchon Guesthouse

地址 서울 종로구 계동 72　**電話** 010-6711-6717
網址 www.bukchon72.com　**電郵** bukchon72@naver.com
房價 單人房不含衛浴50,000韓幣，雙人房不含衛浴70,000韓幣，
含衛浴80,000韓幣，設週末附加費10,000韓幣

　　提供不同的文化體驗，除了泡菜製作和韓服，也提供
傳統工藝的手作體驗課程。

泡菜製作	傳統韓服體驗
價錢：**40,000韓幣**	價錢：**15,000韓幣**
時間：11：00～12：00／13：00～14：00／	
14：00～15：00	傳統手工藝製作(電話掛繩、花形小袋等)
需時：**1小時**	價錢：**45,000韓幣**
	時間：每週三
	需時：2小時

 **Handmade 玩手作**

北村不只散步，還能玩手作！

來北村若只是匆匆走過，也許不會發現這裡其實隱藏著一家家手創工房，
讓遊客在急促的旅行中，也能停下來，靜靜地投入手作的世界，親手做一
件屬於自己的作品。當發現自己也能製作一件看到就大叫「好可愛」的玩
偶，這種滿足感是不能跟買一堆衣服相提並論的！

手工金屬工藝房　만듦새 금속공예공방

地址 서울 종로구 계동 19-2　**電話** 02-747-2460
網址 www.mandmsae.com　**Blog** cafe.naver.com/mandmsae
電郵 line035@gmail.com，msss002@hanmail.net

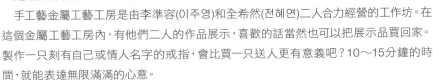

親手做個戒指送人吧！

　　走過北村桂洞，一定會被它的門面吸引！
　　手工藝金屬工房是由李準容(이주영)和全希然(전혜연)二人合力經營的工作坊。在
這個金屬工藝工房內，有他們二人的作品展示，喜歡的話當然也可以把展示品買回家。
製作一只刻有自己或情人名字的戒指，會比買一只送人更有意義吧？10～15分鐘的時
間，就能表達無限滿滿的心意。

刻名銀戒指製作
10～15分鐘，30,000韓幣/人，已含材料費

可愛的手作貓
頭鷹玩偶，好
想把它帶回家

Mitten Homemade Story Studio　미튼

地址 서울 종로구 계동 70-1 2층　**電話** 010-4248-3503
網址 www.mitten.kr (準備中，照片不多)　**Blog** blog.naver.com/mj_minio
電郵 lmj3503@naver.com

布偶做完拍動畫，太Fantasy了！

　　在Mitten遇到布偶們的主人美鍾(미종)，個子小小的她就像童話故事裡的小紅帽一樣，很難想像她的一雙小手製作出一系列的毛氈布偶。每組布偶都根據一個童話故事創作，需時2～3個月左右，布偶製作好後還會製成動畫，布偶們好像活過來了，變成活潑的女孩、頑皮的海狸，栩栩如生。

　　年紀輕輕的美鍾本來在一家電腦動畫公司工作，也製作布偶和道具，後來為了更專心做自己喜歡的布偶，便離開公司，搬到寧靜的北村開設這家工作室，一面教手作布偶，也準備用布偶製作童話書，一步步向夢想前進。兩個月前美鍾還帶著她的所有布偶到歐洲，拍了一輯寫真照，印成明信片和卡片，照片中布偶在雪中嬉戲，讓人想起Amelie電影裡周遊列國的小矮人，充滿對旅行的幻想。

　　但製作這樣的布偶需時太久，所以以Mitten的手作班製作的都是比較簡單的布偶，只需1～2堂(每堂3小時左右)就能完成。若沒有時間，也能到她溫暖的工作室探望一下那些可愛的小布偶，即使只買下那個由美鍾親手用心製作的小布偶別針，也能感受到製作者那份溫暖的心意和童真。

01 店外是一個小花園
02 帶有懷舊異國風的飾物是我的心頭最愛,玻璃燈飾也是他們的作品
03 小小的店,就是兩位藝術家的工作室,也是教授手作的教室。鏡頭內的是親切的李博士

2 work bench 투워크벤치

地址 서울 종로구 계동 60 **電話** 金博士(英語)010-8786-8140,李博士(日語)010-9897-1224
網址 www.2workbench.com **E-mail** 2workbench@naver.com
價錢 50,000韓幣/人,已包材料費,需預約

請再確認一下價錢喔!

逛手工飾品店,還能自己動手做!

2 work bench的「2」,其實就是代表了兩名藝術家,金真珠(김진주)和李景賢(이경임)博士。金博士在英國學習藝術,能說流利的英語,而李博士則在日本學習,主要面對日本遊客,兩人在手創上的經驗已經超過10年。本來在三清洞紮根的他們不喜歡那裡逐漸的繁忙和嘈雜,搬到寧靜的北村桂洞,專心打理工作坊。

飾物設計上因著他們在別國生活的背景,再加入了韓國的元素,也帶點復古的味道。想要做自己的飾物嗎?只需2小時就可以了。

英語/日語授課
搪瓷:製作2個胸針
串珠:製作自己喜歡的頸鍊/手鍊
玻璃:製作自己設計的玻璃飾物
銀器:製作銀戒指

感受製作者的心意：
Handmade就是生活態度

北村桂洞的店家，有80%都是從事手工創作，彷彿這裡有一股力量把他們凝聚在桂洞。原因也許是因為這裡的悠閒和寧靜，使他們能夠專心於創作。所以來到桂洞，請也帶著閒適的心情，在一堆承載工藝家們心意和夢想的成品中，慢慢挑選配合自己個性的獨特作品。

TIN 틴

地址 서울 종로구 계동 67-24
電話 070-4127-3593
網址 www.bytin.co.kr (可上網先預覽一下鍾意的小物！)
電郵 tin@hanmail.co.kr

美感的陳設，逛起來就是享受

　　因為工作關係，對於店家的陳列總是很敏感。TIN用畫框把首飾掛起來陳列，項鍊看起來好像一幅幅名畫一樣，還用上我最喜歡的原木陳列小飾物，很難讓我不喜歡它。這裡的飾品有80%都是手工製作，從彩色復古風、維多利亞式貴婦風，到可愛的手繪胸針，都能攻陷不同類型的女孩心。

店主的手作小角落，
懷舊手錶是我的最愛

絕對不過時的紳士皮鞋，
能想像是由一位老人親
手製作的嗎？

Le Cordonnier Handmade Shoes

르 꼬르도니에

地址 서울 종로구 계동 24-1
電話 070-4409-3317
網址 www.ucnehandworks.com (Le Cordonnier Handmade Shoes)
網址 www.craftcream.com (Metal et Linnen，店主的手作首飾網路商店)
電郵 cordonnier@ucnehandworks.com

送男人的最好禮物？老鞋匠親手縫製的雅癖鞋

在Le Cordonnier店內擺放的，都是充滿歐洲風尚的紳士皮鞋，乍看會以為是從外國進口的皮鞋。其實這些漂亮的紳士皮鞋都是由店主的爸爸一針一線地製作，櫥窗電視播放的正是他怎麼從零開始製作一雙皮鞋！

店主爸爸在皮鞋製作方面已經有50年經驗。你以為老人做的一定會是過時的款式？那就大錯特錯了！從顏色配搭到皮鞋的款式都透露出一種質感與品味，買一雙手工皮鞋也許就能穿上一輩子。你以為又會很貴了是不是？一雙皮鞋才不過180,000韓幣起跳！

而店主則是個從金屬手工系畢業的女孩，店內有一個角落擺放了她製作的懷舊小手飾，主要是將新的飾物透過化學程序變得像出土文物一樣古舊，再由店主重新裝鑲修飾，成為獨一無二的首飾或手錶。

從店主說起爸爸的驕傲神情，能感受到他們兩父女的感情和對於手工藝的喜愛。來Le Cordonnier感受一下那份熱情吧！

在韓國時裝雜誌常有介紹的MIK，那些精緻的包釦即使是女孩子也會被吸引。比較簡單的Vintage Button Cover只需15,000韓幣喔

看外觀，還以為它是賣女孩飾物的店

MIK 미크

地址 서울 종로구 계동 12-2
電話 02-704-0214
網址 www.m-mik.com
電郵 mikmbutton@gmail.com

在小細節中展露品味的男女扣飾

　　女孩子的飾物多不勝數，男孩子來來去去就只有幾款，所以MIK的設計師就設計了一種新的男裝飾物「包釦」(Button Cover)，給不打領帶的男性添上一點個性。

　　在韓國男裝界非常有名氣的MIK，甚至衝出韓國，越洋到日本這個時裝王國，可想而知現在的日韓男性有多喜歡打扮！

　　而在桂洞的MIK更是製作這些精緻包釦(Button Cover)的工場，有時還會看到設計師把剛做好的製成品放到陳列桌上喔！

外觀看起來也是一家咖啡店，
還真有人走進去想點一杯咖啡

店內陳列的飾物在有派對的
時候就會全部收起，變成一
個浪漫的宴客空間

Café Mooee 카페무이

地址 서울 종로구 계동 10-1　**電話** 02-766-8184
網址 www.cafemooee.com　**Blog** blog.naver.com/cafemooee

白天飾品店，晚上變浪漫派對

　　Café Mooee這個名字，讓人以為是一家咖啡店，其實以前它曾是一家咖啡店，現在則成為一家買手作品的可愛小店，還兼營one-table party(因為裡面只有一張桌子，而它會兼營派對，所以是「一張桌子的派對」)。

　　那天店主一直為了晚上的小宴會而忙得團團轉，還因為沒有閒暇招呼我而感到不好意思。店內陳列得滿滿的手作飾品，最得我心的是那些手作玩偶，用拼布做成的玩偶簡單卻充滿童趣。

　　店內充滿情調的裝潢，相信在這裡辦一個求婚/訂婚派對一定很浪漫吧！有興趣的話也可透過網站聯絡店主啊！

用碎布做成的小布偶吊飾，手腳還可以動啊

在北村，喝一杯關於夢想的咖啡

不一定每個人都有夢想，但有夢想的人生的確比較有趣。在北村的咖啡店，能夠找到的不只是令人暫時忘憂的咖啡，還有一個個關於夢想的故事。

復古的店面，很符合店主隨意的性格，裡頭每件作品都是設計者的心血，在三清洞Art Gallery Market擺攤的朋友，在這兒也找到一個長期展示作品的地方

桂洞咖啡　계동커피

地址 서울 종로구 계동 70-1　電話 010-8957-3967
Blog blog.naver.com/cnxoals　電郵 cnxoals@naver.com

品嘗咖啡之餘，也能買下手作設計師的心血

　　桂洞咖啡的店主朱泰汶(주태민)是銀器工藝畢業出身的男生，在三清洞的Art Gallery Market擺攤一段時間後，搬到桂洞開了這家兼賣飾物的咖啡店。

　　店裡放滿了店主親手做的銀器首飾，也有朋友把手作品寄賣在此，一個個小格子放的是每個設計者的心血。在此品嘗咖啡之餘，也可以順便看看四周，有沒有你喜愛的那件小飾物？

Room to Roam　룸투로움

地址 서울 종로구 삼청동 35-231　電話 02-730-9118
網址 www.roomtoroam.kr　電郵 info@roomtoroam.kr

很有創意的
帽子吊燈

韓屋建築物，變身成創意平台

　　誰能夠做設計師？在韓國，有很多機會讓人夢想成真，而Room to Roam就是其中一個令人夢想成真的平台。

　　每個人可以到他們的網站或店內，跟他們談談自己的作品構思，經過詳細的考慮後，把意念化為真實，變成真正的成品放在Room to Roam店內發售。另外這裡也提供陳列空間的租賃，讓設計師有一個展示作品的地方。

　　對了，這裡也賣咖啡和簡單的三明治，坐在開放的店內，看著來北村參觀韓屋的遊客匆匆拍個照離開，就會更珍惜這一刻的悠閒時光。

本身是韓屋建築物，變身成創意平台的開放空間

招牌上的小馬在電影「The Silent of Sleep」裡出現過

Café Gondry　카페 공드리

地址 서울 종로구 계동 140-23 1층　**電話** 02-765-6358

電影裡出現的美味，在現實中也能吃到

天氣太冷，走進Café Gondry咖啡店，打開Menu，發現寫著「Cinema Food」一欄，好奇那究竟是甚麼？

原來這裡除了咖啡，還有非常特別的菜單——電影裡出現過的食物。「深夜食堂」裡出現過的「어제의 카레」(昨天的咖哩)、電影「토일렛」裡的餃子＋生啤酒套餐，這些特別的菜單為Café Gondry贏得「令人驚喜的店家」第8號店的美譽。

再環顧四周，不難發現咖啡店內陳列的東西都跟電影有關，如果是個電影迷，相信會對這裡有更深的共鳴感，而這也正是兩位主人希望的——喜歡電影的人能夠在這裡互相交流，即使是陌生人也能通過電影成為朋友。即使不喜歡電影，坐在咖啡店內看街景，不也像在看一場生活小品式的電影嗎？

電影菜單，連《深夜食堂》裡的菜色都出現了

Hu's Table

地址 서울 종로구 가회동 70-2　**電話** 02-766-5061

帶著童心製做的心機義大利麵

我相信每個成年人心中還是有那麼一點童真，來到Hu's Table，整個房間貼滿了來自世界各地遊客的所畫的圖畫，像來到了小朋友可愛的繪畫教室，大人們通過粗率單純的繪畫重拾那分遺忘了的童真。

而Hu's Table主打的是義大利菜，義大利麵和義式燴飯都做得很出色，沒有為了遷就韓國人而改變了的口味，雖然還是會有酸瓜做配菜(韓國人吃酸瓜代替泡菜解膩)。吃完主菜，你也可以拿起色筆，畫一張代表自己當下心情的畫吧！

三清洞

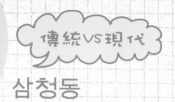

傳統VS現代

삼청동

北村的韓屋群，仁寺洞的傳統房子都在三清洞的附近，也許會讓人以為，來三清洞也是參觀傳統韓國建築物而已。其實在富有氣質的三清洞裡，不僅有經營多年的傳統店家，還有手作設計師的小店，老房子內的個性咖啡館多不勝數。三清洞的巷子，就是這樣混合著不同的風格，成為屬於三清洞只此一家的時尚＋傳統氛圍。

" 漫遊在歐洲風與傳統韓風的小巷之間 "

三清洞街上是傳統與現代的融合

三清洞的傳統屋簷

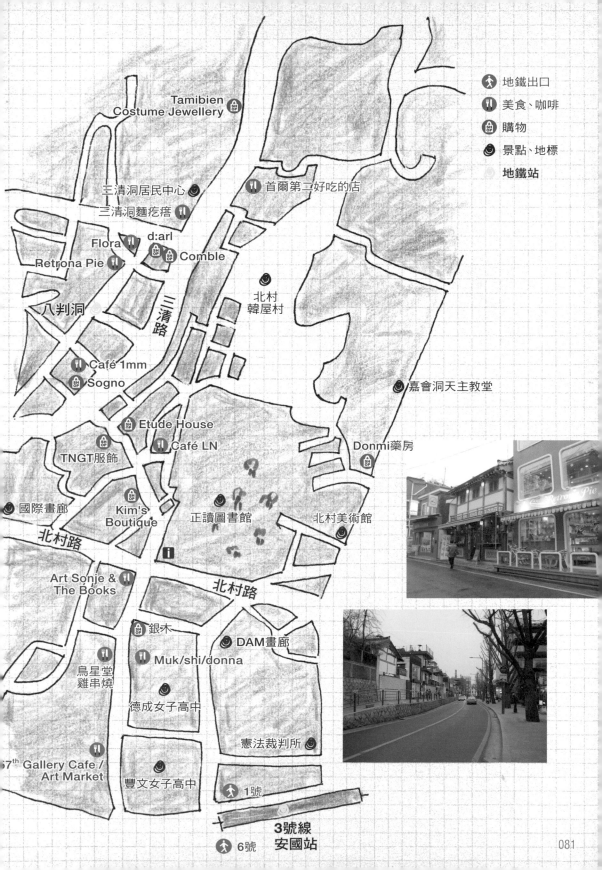

Tamibien
Costume Jewellery

地鐵出口
美食、咖啡
購物
景點、地標
地鐵站

三清洞居民中心
首爾第二好吃的店

三清洞麵疙瘩

Flora　d:arl
Retrona Pie　Comble

八判洞

三清路

北村
韓屋村

Café 1mm
Sogno

嘉會洞天主教堂

Etude House
Café LN

Donmi藥房

TNGT服飾

國際畫廊

Kim's
Boutique

正讀圖書館

北村美術館

北村路

Art Sonje &
The Books

北村路

銀木　DAM畫廊

Muk/shi/donna

鳥星堂
雞串燒

德成女子高中

憲法裁判所

67ᵗʰ Gallery Cafe /
Art Market

豐文女子高中

1號

3號線
安國站

6號

shopping 逛街趣

三清洞的歐洲風、手創設計小店

Comble 꽁블

地址 서울 종로구 삼청동 88-23
電話 02-720-1146
網址 www.ateliercomble.com
電郵 chapeuaux@hanmail.net

這裡賣的帽子都是由店主親自設計和製作的

這裡的帽子都像獨一無二的藝術品

Comble店外的一張十九世紀戴著帽子的貴婦黑白照，把我吸引進店內。走進去後更是不得了，牆上掛滿了店主在法國唸書時收藏的舊帽子，跟旁邊陳列著的自家設計的時尚帽子，儼如走進一家帽子博物館！

店主在1997年已經在弘大開店，7年前搬到靜中帶旺的三清洞，繼續親手縫製每一頂帽子，所以這裡賣的，是外面不會找得到的款式。就算嫌自己戴帽子不好，但只要是喜歡二手飾品和中古服的人，也能來Comble尋寶，找到心頭好喔！

像走進了只有帽子的世界，喜歡中古服和飾物的人來Comble尋寶吧！

就是這張照片，把我帶進店內

Sogno

地址 서울 종로구 팔판동 63-3
電話 02-723-1421
網址 sognojewelry.blog.me

店內的擺設像
個小婚禮一
樣，很浪漫

深受在地人和日本人喜愛的浪漫首飾

在三清洞有兩家Sogno，一家是賣銀器，而另外一家則是賣金器，個人偏好銀器的清新和脫俗感，對Sogno的飾物更是愛不釋手！Sogno所有的飾品都是韓國本土設計和純手工製作，使用珍珠和原石配合銀器，混合出自然樸實的風格。

這間店除了深受韓國人喜愛外，還是日本遊客們的必到之處！

銀木　은나무

地址 서울 종로구 안국동 19-1
電話 02-2730-2867
網址 www.eunnamu.com

森林系女孩的人氣飾品店

要選三清洞有代表性的店家，「銀木」一定在名單內，只要看每天有多少遊客在店前拍照就知道了。不單只在三清洞，「銀木」的手作飾品在日本的旅遊書和雜誌人氣也很高！

「銀木」的飾物由3位韓國女設計師所做，每件首飾都用上原石(沒有經過加工的晶石)，題材大部分跟大自然有關，蝴蝶、樹枝、花朵、樹葉都是常見的主角，在小小的一件飾品上花的心思，絕對跟價錢不成正比。就算是像我這種粗枝大葉的女孩，戴上這些原石飾物，好像也添了一點點氣質(笑)。

銀木的耳環

Kim's Boutique

地址 서울 종로구 소격동 106-2
電話 02-2737-8589

新衣也能打造二手古著風

Kim's Boutique就像巴黎的小店一樣，乍看它的衣服展示會以為這是一家賣二手服裝的店家，其實不然。這家店的復古服裝全由店主Kim所設計，對二手服裝很感冒的人，不用怕會穿到別人的舊衣服之餘，又能穿出時尚的復古懷舊風，而且價錢有時還比二手的便宜！

懷舊風裙子

Tamibien Costume Jewellery

地址 서울 종로구 삼청동 119-2 **電話** 02-723-3440
電郵 tamibien@gmail.com

巴洛克宮廷風的眩目飾品

另一幢在三清洞非常顯眼的建築物,就是足有4層樓高的「LEEHAUS culture」了。Tamibien手工首飾就在餐館的最底層,門口很窄,但通過長長的走廊就會看到店主兼設計師Eun Young Seo陳列得極有懷舊色彩的販賣空間。

Tamibien 的手工飾品全部由Eun Young Seo和另一位女孩子合作製作,走的是歐洲高貴女性味的路線,而且設計比較誇張,當然喜歡低調的還是能找到簡單的珍珠/鑽石點綴的女人味飾物!

Tamibien Costume Jewellery
就是在這幢LEEHAUS culture
的最底層

Tamibien的飾物走的是
歐洲復古誇張風格

SALE
39,000 won

dar:l 달

地址 서울 종로구 삼청동 88-23　**電話** 02-720-4534
電郵 www.darl.co.kr

色彩夢幻的少女衣櫥

　　在Comble旁邊的dar:l，像神話故事的店門為它添了幾分迷幻。韓語的Darl(달)就是月亮的意思，而店內有90%都是自家手作的衣服、飾物，大部分都色彩繽紛，也帶點復古少女味。dar:l還會有不定期的跳蚤市場(Flea Market)，能不能遇上就看大家的運氣了！

令人一見傾心的咖啡店

在三清洞旁的八判洞和三清路，避開了三清洞主街上的遊客，咖啡店、手作衣飾店的店主們靜靜地經營著他們的小店，感覺像走進另一個世界。在這裡散步，再隨便走進一家咖啡店喝杯Americano(아메이카로)，整理一下心情，再投入三清洞的人潮裡吧！

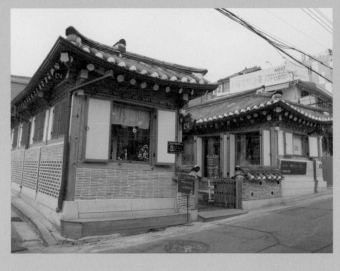

Luden Loquen Café LN Café 루덴로켄카페 LN

地址 서울 종로구 화동27-1 **電話** 02-722-7597

年輕藝術氛圍的韓屋咖啡店

　　傳統韓屋的其中一個轉變，就是化身成咖啡店，而Café LN就是這種咖啡店。走過石子路，推門看到的是一組組原木家具，融合韓屋的原木屋梁和窗框，顯得很和諧。店內還陳列著繪畫和T恤，供人觀賞或購買，所以來到Café LN，不單只是個在韓屋內喝咖啡的體驗，還能享受藝術氣氛！

Café Artsonje+THE BOOKS

地址 서울 종로구 소격동 144-2 **電話** 02-733-8945
網址 www.artsonje.org

藝術╳書香╳咖啡，消磨寧靜的時光

　　在三清洞充斥著大大小小的畫廊和藝術中心，其中我最喜愛的就是經常舉辦不同類型展覽的Artsonje Center。1樓是開放式書店「THE BOOKS」和咖啡店「Café Artsonje」，還有音樂試聽，牆上掛著的也是不定期更換的展覽品，是個寧靜的藝術空間。

　　書店裡都是藝術方面的書籍，即使在裡面看書消磨時光也沒有人打擾，有時間的話再到樓上參觀展覽，入場費也不過是等於一杯咖啡的價錢(5,000韓幣)。

美味的南瓜餡餅，令人
一整天下來都心情愉快

Retrona Pie

地址 서울 종로구 팔판동 17-2　**電話** 02-735-5668

叫一客餡餅和咖啡才是王道！

　　走到八判洞的盡頭，就會看到一幢菱形格子外牆的可愛建築物，那就是Retrona Pie了。單看名字已經知道它的招牌是餡餅(Pie)，另外也提供全日的Brunch，可以選擇餡餅或三明治作一天的開始(如果你是那麼晚起床的話……)。要是能夠説上幾句韓語，跟這裡工作的店員聊兩句，會感受到他們的隨心和簡單快樂，櫃台前總是充滿了笑聲。也許八判洞的悠然氣氛，能影響人的心情？

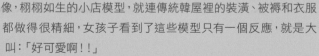

Café Miniature 1mm　Café 일미리 1mm

地址 서울 종로구 삼청로 5-11　**電話** 02-725-7776　**時間** 週一休息

小人國般的微距世界

　　女孩子小時候一定有玩過那種迷你模型，把食物、家具變成手指頭大小，給心愛的玩偶一個家等等。

　　來到Café Miniature 1mm，就像來到迷你世界，每個角落都放滿了店主Choi Jung Rim所做的迷你模型，而且細緻的程度更是難以想像，栩栩如生的小店模型，就連傳統韓屋裡的裝潢、被褥和衣服都做得很精細，女孩子看到了這些模型只有一個反應，就是大叫：「好可愛啊！！」

　　一整座商店模型當然無法帶回家，咖啡店內也有賣店主親手做的小食物磁鐵，或一整盒做得像外帶飯盒一樣的餐點模型。來這點杯咖啡，靜靜地欣賞店主在小模型上投下的那一點一滴的心思。

店內放滿了
店主的心血
結晶，像個小
小的博物館

Delicious 嚐美食

在三清洞，要有耐性才能吃到美食

要找美食，來三清洞總不會令人失望。其中有幾家更是經常排著長長的人龍，想吃的話就只能碰碰運氣。但只要有耐性，吃到的將會成為韓國之旅的美食亮點！

三清洞麵疙瘩　삼청동 수제비

地址 서울 종로구 삼청동 102　**電話** 02-735-2965
網址 www.sujaebi.kr

三清洞的麵疙瘩才是正宗韓味

三清洞大街上賣麵疙瘩的店家有很多，但只有這家總是人潮洶湧，假日的時候更是大排長龍，大部分都是韓國人，可想而知在韓國，三清洞麵疙瘩才是正宗的麵疙瘩！

店內的裝潢非常簡單，開放式的廚房讓人能看清楚整個麵疙瘩的製作過程。廚師把圓渾的麵團用手拉成一塊毛巾的大小，然後撕成一小片一小片丟進鍋裡。一碗盛著熱騰騰麵疙瘩的陶瓷碗，再配上兩碟泡菜，不用5分鐘就送到面前了。

韓國人習慣把泡菜也放進湯裡浸一下再吃，這樣也能增加湯的美味。

一碗麵疙瘩的分量不少，如果是兩個人以上，可以點一客再配搭韓式煎餅(파전)，肚子很餓的人或大胃王除外！

鳥星堂雞串燒　샛별당

地址 서울 종로구 안국동 144-6

人氣破錶的美味雞串燒

對於有人潮在外面的食店，我總是不能抗拒地加入排隊的行列，就是要看看究竟是怎樣的美味讓韓國人願意付出時間──嘗到鳥星堂的雞串燒也是拜當時在外面長長的人龍所賜！雞串燒的雞肉燒得很嫩，調味有醬油和甜辣醬兩款味道，辣味真的顏辣，要先衡量一下自己的吃辣指數喔！

首爾第二好吃的店　서울서둘째로잘하는집

地址 서울 종로구 삼청동 28-21　**電話** 02-734-5302

令人不禁加入排隊行列的紅豆湯香氣

當我說起這家店，韓國朋友說：「每次我看到這個店名，就想去找最好吃的那家！」當然她沒有這樣做，因為這裡的紅豆湯實在太美味，加上每次在外面等待吃那一口濃郁紅豆湯的心情，即使別處有差不多的味道，在這裡吃到的就是不一樣！

在這從來沒有不排隊的時候，如果隊伍沒有很長的話已經算是好運氣，就趕快走到隊尾看看店內，想像客人面前的那一口紅豆湯快要在你口中融化的感覺吧！

店內的茶杯

Muk/shi/donna　먹쉬돈나

地址 서울 종로구 안국동 144-6　**電話** 02-723-8089
網址 www.mukshidonna.com

年糕鍋，要吃就要吃三清洞本店！

深藏在小巷中的Muk/shi/donna，完全沒有因為位置隱密而減少食客，每次總要等15分鐘以上，才能嘗到那驚為天人的年糕鍋。坐下來後第一件事是要先選材料，可以選擇多款，包括起司(我的最愛)、海鮮、蔬菜等；然後再選配料，拉麵(必選！)、甜不辣，最重要的是快吃完時必點的炒飯！簡直是為一頓美味的午／晚餐畫上幸福完美的句號。

三清洞是Muk/shi/donna的本店，現在新村、明洞都有分店，但要嘗最佳味道，當然要來三清洞了。這是我吃到最物超所值的美味了，兩人份的年糕鍋+炒飯不過才10,000韓幣，絕對是誠意推薦！

記得一定一定要叫這個炒飯啊！

① 乳酪年糕 ♥
② 海鮮年糕
③ 牛肉年糕
④ 部隊年糕
⑤ 蔬菜年糕

⑥ 泡麵 ♥
⑦ 彈麵
⑧ 唐麵
⑨ 烏冬麵

⑩ 魚片
⑪ 肉餃子
⑫ 野菜餃子
⑬ 泡菜+麵炸餃子
⑭ 泡菜炸餃子
⑮ 雞蛋
⑯ 火腿等

⑰ 炒飯 ♥♥
⑱ 飲料

메 뉴		수 량	포 장
① 치 즈 떡볶이	4,000		
② 해 물 떡볶이	4,000		
③ 불고기 떡볶이	4,000		
④ 부 대 떡볶이	4,000		
⑤ 야 채 떡볶이	4,000		
⑥ 라 　 면	1,000		
⑦ 쫄 　 면	1,000		
⑧ 당 　 면	1,000		
⑨ 우 　 동	1,000		
⑩ 오 　 뎅	1,000		
⑪ 고 기 만 두	1,000		
⑫ 야 끼 만 두	1,000		
⑬ 못 난 이	1,000		
⑭ 김 말 이	1,000		
⑮ 계 　 란	1,000		
⑯ 햄 사 리	1,000		
⑰ 볶 음 밥	2,000		
⑱	2,000		

· 수량: 幾個
· 포장: 包裝

三清洞，除了吃喝玩樂以外

要走到三清洞的大街，先會經過一條長長的銀杏路，而途中見到的第一座建築物，就是57th Gallery Café。我不是要介紹這家咖啡店，而是旁邊的一片小空地。

三清洞的週末藝術市集

給手創設計師販賣夢想的小園地

　　除冬季外，這裡每個週末都會舉辦藝術市集，讓一些有心的年輕手創設計師，有一個販賣夢想的地方。因為沒有租金上的負擔，他們做的設計不用太迎合客人口味，每每有新穎和誇張的意念令人眼前一亮。

　　這裡的手作製成品價錢跟大量製造的成品沒太大分別，可以的話，支持一下這些年輕的追夢者又何妨呢？

週末藝術市集
地址 서울 종로구 송현동 57
電話 02-735-2657

「The Wild」的小鸚鵡

買入了這條由Soyoung IM所做的手飾。她做的手飾都跟動物有關，所以系列的名字叫「The Wild」。

57th Gallery & Cafe

三清洞的週末藝術市集，來參觀的人也好多

仁寺洞

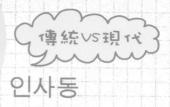

傳統VS現代

인사동

仁寺洞一向給人的感覺就是古老和傳統,大街上的店家賣的是韓國傳統手工藝品,食店提供的是韓國傳統食物。其實仁寺洞,還藏著大大小小的藝廊,展示的是當代最有創意的藝術品。兩種極端在仁寺洞並存,卻出奇地和諧。

" 最傳統和最有創意的藝術,都在這裡!"

仁寺洞的傳統街道

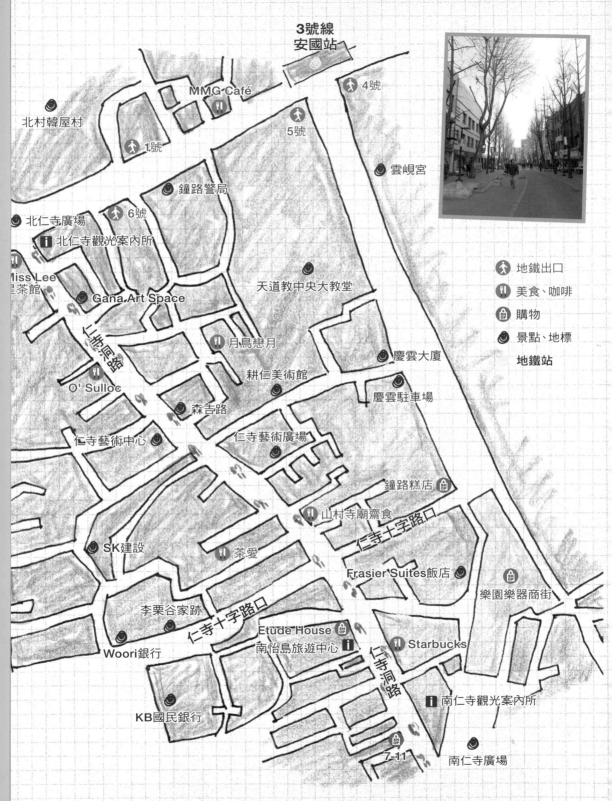

**3號線
安國站**

MMG Café

北村韓屋村

1號

5號

4號

雲峴宮

鐘路警局

北仁寺廣場

6號

北仁寺觀光案內所

Miss Lee
里茶館

Gana Art Space

天道教中央大教堂

仁寺洞路

月鳥戀月

慶雲大廈

耕仁美術館

O' Sulloc

森吉路

慶雲駐車場

仁寺藝術中心

仁寺藝術廣場

鐘路糕店

山村寺廟齋食

仁寺十字路口

SK建設

茶愛

Frasier Suites飯店

樂園樂器商街

李栗谷家跡

仁寺十字路口

Etude House

南怡島旅遊中心

仁寺洞路

Starbucks

Woori銀行

南仁寺觀光案內所

KB國民銀行

7-11

南仁寺廣場

🏃 地鐵出口

🍴 美食、咖啡

🛍 購物

◉ 景點、地標

地鐵站

095

逛逛傳統與創意藝術共融的仁寺洞

在仁寺洞大街上的水墨畫、書法、紙藝、繩結，都是古代韓國的藝術文化代表，你和我對於仁寺洞的觀感也大概是這樣：傳統、古老。但原來新創意藝術已經靜靜地在仁寺洞植根，這裡的藝廊展示的是韓國新一代的藝術——仁寺洞，不再是傳統古老的代名詞！

傳統藝術店家與現代藝術畫廊融合的仁寺洞

Gana Art Space　가나아트 스페이스

地址 서울 종로구 관훈동 119　**電話** 02-734-1333
網址 www.ganaartspace.com　**入場費** 免費

在傳統氛圍中的現代藝術展覽平台

在韓國廣為人知的Gana藝術中心在平倉洞，是極具代表性的藝術中心，而在仁寺洞的Gana Art Space則給予藝術家一個展覽作品的場地。共4層的藝術中心長期有不同藝術家的作品展覽，由大型的裝置藝術到陶瓷展覽，傳統的、滿滿創意的，都能在這裡出現。好幾次我還遇到駐場的藝術家，雖然沒有言語上的交流，但從他們的眼神中，可以看到他們對作品能夠展出的驕傲和滿足感。

仁寺洞的樂園樂器商街

地址 서울 종로구 낙원동 284-6
電話 02-338-0384

韓國人原來超愛玩音樂

　　知道仁寺洞的樂器商街,是因為一位熱愛音樂的韓國朋友,執意要帶我到仁寺洞,挑選我想學的烏克麗麗,聽說在這裡能找到最好、最物超所值的樂器。

　　好了,當我來到外觀看起來不怎麼樣的4層大樓,才發覺這裡可是我看過最多樂器商家的樂器市場,証明韓國人有多愛玩音樂!

　　不單是一般的吉他、鋼琴、烏克麗麗(當然了)、小提琴,甚至薩克斯風、大型專業音響器材應有盡有,就算只是要選一支吉他,也會在一堆品牌和款式中弄得頭暈轉向!

　　最後我抱著一支優質又便宜的烏克麗麗回家(100,000韓幣),現正努力學習中!

♥ 我的烏克麗麗 ♥

森吉路 쌈지길

地址 서울 종로구 관훈동 38
電話 02-736-0088
網址 www.ssamzigil.co.kr

傳統工藝╳原創設計,就是森吉路

　　要選仁寺洞裡最具代表性的地標,一定非森吉路(쌈지길)莫屬了。傳統手工藝的變奏作品、手作創意文具、二手改造的衣服飾品都在這裡占一席之地。

　　如果要在接近70個店家中每家都繞一圈,花的時間也不少,因為吸引人的東西太多,實在令人目不暇給!在主館走了一圈,還要到旁邊的別館參觀,森吉路之旅才算圓滿結束。走到主館頂樓,也不要忘了買一個小吊牌,寫下你的心願,下一次再來森吉路的時候,看看那個心願實現了沒有?

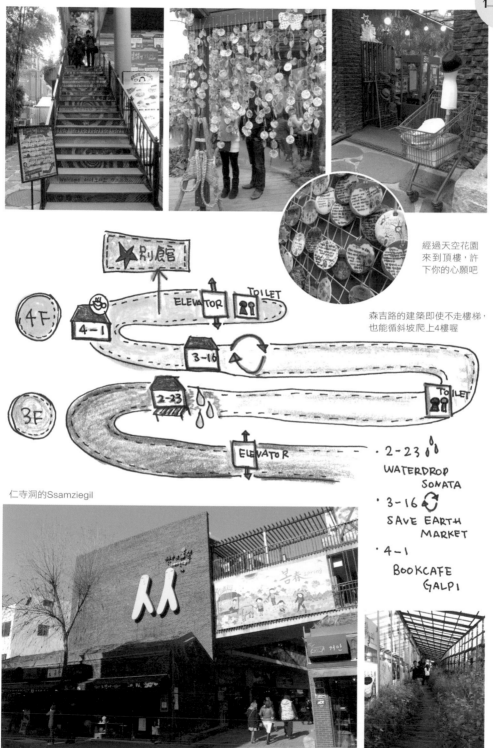

經過天空花園
來到頂樓，許
下你的心願吧

森吉路的建築即使不走樓梯，
也能循斜坡爬上4樓喔

仁寺洞的Ssamziegil

・2-23 💧💧
WATERDROP
SONATA
・3-16 🔄
SAVE EARTH
MARKET
・4-1
BOOKCAFE
GALPI

我最喜歡的創意小店@森吉路

Water Drop Sonata

地址 쌈지길 3층 23호　**電話** 02-736-0088
網址 www.dropsonata.com

可愛水滴奏鳴曲

　　任何時候經過這家小店，總是人擠人，女孩子都被店內可愛的水滴形手繪飾物吸引，不約而同地拿出錢包付款。

　　店內的貨品大部分都是由設計師金雅容(김아영)所做，而她所設計的明信片也是最得我心的清新可愛，又帶點稚氣的風格。除了飾物，還有絨布做的手製小包包(我敗了2個)、電話套、杯墊和印有招牌娃娃頭的杯子。店外還掛著明星如何用水滴胸針裝飾帽子和包包的照片，可以作為配搭參考喔！

明星們也愛上這個可愛的娃娃頭

Save Earth Market 세이브어스마켓

地址 쌈지길 3층 16호

這個就是我買的用舊鈕扣和零布拉鍊做的頭飾＋胸針(9,000韓幣)。為了地球我還是有出了一分綿力喔

本著愛地球的宗旨，把進口的舊衣重新改造

女孩子總是愛買衣服，家裡都一大堆了還是要買。「舊衣改造」就是把舊衣重新改成新的面貌販賣，也許這樣能減低我們的罪惡感，至少為環保出了一分力。

Save Earth Market就是本著「救救地球」的宗旨，把從日本、美國進口的舊衣重新設計包裝，變成架上色彩繽紛的裙子、T恤，剩下的零布就用來做髮飾、小包包、胸針等。

也許不是每個人都喜歡穿二手衣服，但用零布做的懷舊風飾物卻一定能吸引任何女孩子的目光。為了拯救地球，我們還是要繼續買下去！滿足感～

與傳統無關的新潮時尚歇息點，
都在景福宮

在景福宮內的皇宮傳統屋瓦下走累了，看膩傳統古蹟了嗎？

是時候走出去，就在景福宮旁邊散散步，讓新思潮衝擊一下填滿老舊文化的腦袋，或者來杯咖啡，沉澱一下剛才看到的，前人遺留下來的美學吧！

01 Gagarin二手書店
　 門外放著超市的
　 手推車，裡面放的
　 當然是書！
02 除了書，還有設計
　 文具出售
03 Daelim美術館

Daelim美術館　대림 미술관

地址 서울 종로구 통의동 35-1　**電話** 02-720-0667
網址 www.daelimmuseum.org　**入場費** 成人5,000韓幣，學生3,000韓幣
開館時間 上午10：00～下午18：00，週一休館

屬於時裝迷的美術館

　　打開Daelim 美術館的展覽目錄，「Dress of Christine Daae,Phantom of Opera」、「Stage outfit worn by Madonna」、「HALL OF FASHION」、「Jean Paul Gaultier for Swarovski Runway Rocks」……一系列的展覽都令Daelim美術館跟其他的美術館不一樣。大概喜歡時裝的人會更鍾愛Daelim美術館提供的展覽，我就是其中一個！

Gagarin used book & more　가가린

地址 서울 종로구 창성동 122-12　**電話** 02-720-9005

在Gagarin嗅嗅二手書香

　　在小小二手書店的空間裡，放滿了關於不同設計範疇的新舊書籍，也堆滿了自家設計的文具，環保袋等等，等知音人來把它們領走。雖然沒有太看得懂韓文，但設計書籍不就大部分都是圖片影像嗎？光看圖片已經能在這裡磨上一段時間 。不過週末人太多，選一個平日的下午，來Gagarin聞聞二手書香吧！

Café Goghi Café 고희

地址 서울 종로구 창성동 100 　**電話** 02-734-4907
網址 www.goghi.kr

色彩繽紛美味的早午餐，就是一天最美妙的開始

　　Café Goghi的招牌有一段小小的字寫著「coffee cake brunch arts」，其中的「brunch」和「arts」這兩個字令我想進去看一下究竟是怎樣的一個空間。未走進去已看到門外掛著的稚氣圖畫，就知道我的選擇沒有錯！

　　店內四周掛著藝術家的圖畫，猶如小展覽館一樣，還有一列書架擺放著最新的雜誌和書籍，讓人捧著一本書就能過一個悠閒的下午。「arts」的部分拿了滿分，那「brunch」呢？我要給它的Brunch滿分外再加10分！送上來的那色彩繽紛的餐點已令人心情大好，再咬一口店家自製的麵包，鬆軟香口，即使我沒有很餓，還是把食物一掃而空！

　　這裡還有烘焙班，在它的網站內選好想學的烘焙餐點，再預約時間，每班1～3人，學費根據所選餐點而定。

01 超乎我想像的美味Brunch
02 店內的藝術空間
03 這裡還提供烘焙班喔

01 點一杯花茶，一本書，過一個悠閒的下午
02 沒有太多小王子出現，這裡主要陳列的是書籍

b612 Book & Café

地址 서울 종로구 통의동 4　電話 02-733-0612

在小王子居住的星球歇息一下

　　有讀過小王子這本書嗎？b612正是小王子居住的小星球，也因為這個名字，我走進這家店，可惜沒有太多關於小王子的物品出現，頂多是門口的裝飾和菜單上的小印章有他的蹤影，若是為了小王子而來會失望，但如果想要的是一個能讓人從觀光點逃出、暫時喘息的寧靜空間，這裡一定不會令人失望。

迷路美路

韓國傳統氛圍中的異國美

　　在Goghi Café旁邊，還有一個小小的區塊，稱為「迷路美路」，是世界正教的發祥地，昌城洞的所在。雖然我沒有太清楚這段歷史，不過被漆成黃色的昌城洞卻有一種異國風情的美感。來拍個照，迷失在這個小小的天地吧！

全州韓屋村

傳統VS現代

전주한옥마을

看到「韓屋村」三個字，大概又會像走進韓劇裡的古代村落一樣。其實全州韓屋村除了理所當然的韓屋之外，還有更多值得欣賞的地方。除了不同風格的咖啡店、還有大小畫廊、隨街可見的壁畫，令這趟全州韓屋之旅，添了幾分藝術成分。

全州韓屋村交通

從首爾搭乘往全州的客運巴士或火車，約3～3.5小時，票價2～3萬韓幣；抵達後轉乘公車或計程車前往。

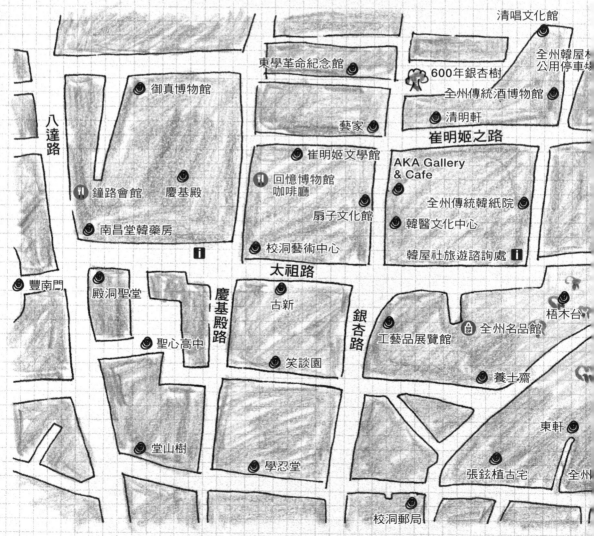

清唱文化館

東學革命紀念館

600年銀杏樹

全州韓屋村公用停車場

御真博物館

全州傳統酒博物館

藝家

清明軒

八達路

崔明姫之路

崔明姫文學館

AKA Gallery & Cafe

回憶博物館咖啡廳

鐘路會館　慶基殿

扇子文化館

全州傳統韓紙院

南昌堂韓藥房

韓醫文化中心

校洞藝術中心

韓屋社旅遊諮詢處

太祖路

豐南門

殿洞聖堂

古新

梧木台

慶基殿路

銀杏路

工藝品展覽館

全州名品館

聖心高中

笑談園

養士齋

東軒

堂山樹

學忍堂

張鉉植古宅

全州

校洞郵局

110

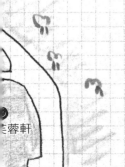

🍴 美食、咖啡
🎁 購物
◉ 景點、地標

木台

蓉軒

" 首爾之外的另一個仁寺洞：全州韓屋村 "

全州的傳統房子，像
走進韓國古裝劇

111

Culture
韓文化

別只走大路，鑽進小巷去！

全州韓屋村的大街主要有銀杏路、太祖路、崔明姬路、慶基殿路、八達路，充斥著遊客和商店。我最喜歡的全州面貌，卻是在地圖上沒有標出來的小巷子。靜靜地在巷弄間散步，感受韓屋的一磚一瓦。走到轉角會發現一幅壁畫，或一家隱蔽的小畫廊，或經營了半世紀的舊商店。

把地圖暫時放到一邊，在小巷裡亂走，找尋巷弄裡的小驚喜吧！

傳統古舊與創意改造的街道

沒踏足全州韓屋村之前，從來沒想過原來在這個我認為只跟「傳統」、「文化遺產」
扯上關係的韓屋村，竟然發現不同主題的咖啡店竟是十步一家的程度，也不乏我最
喜愛的手作設計小店，還有把傳統布料配上新設計的服飾店。
在尋找旅遊書上標示的傳統文化展覽館、工藝社的同時，也留意一下剛經過的那間小
店，也許會成為行程中的亮點！

113

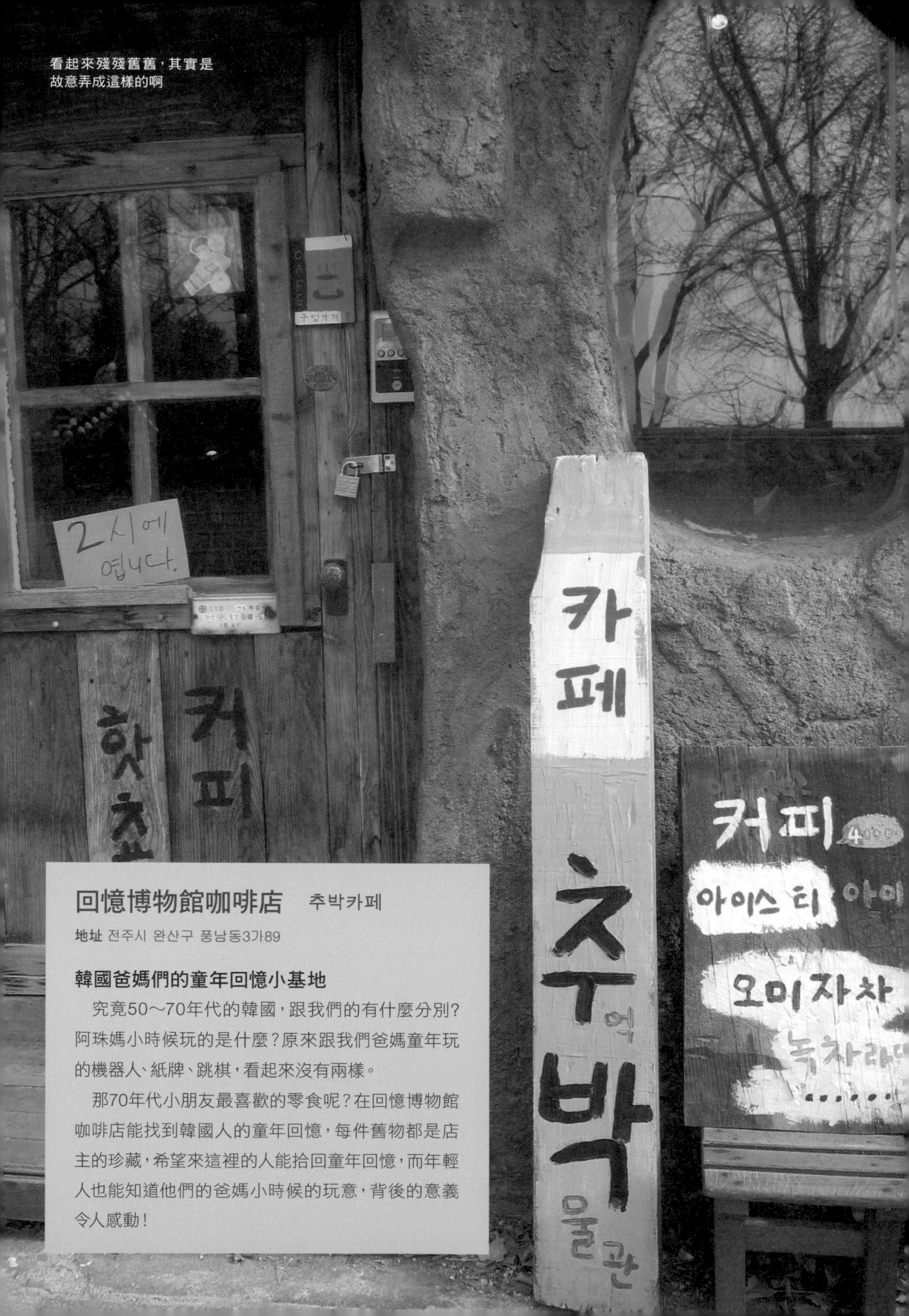

看起來殘殘舊舊，其實是
故意弄成這樣的啊

回憶博物館咖啡店　추박카페

地址 전주시 완산구 풍남동3가89

韓國爸媽們的童年回憶小基地

究竟50～70年代的韓國，跟我們的有什麼分別？阿珠媽小時候玩的是什麼？原來跟我們爸媽童年玩的機器人、紙牌、跳棋，看起來沒有兩樣。

那70年代小朋友最喜歡的零食呢？在回憶博物館咖啡店能找到韓國人的童年回憶，每件舊物都是店主的珍藏，希望來這裡的人能拾回童年回憶，而年輕人也能知道他們的爸媽小時候的玩意，背後的意義令人感動！

AKA Gallery and Café　AKA갤러리카페

地址 전주시 완산구 풍남동3가55-11　**電話** 063-282-6007

不喝咖啡，來參觀一下畫廊也好

　在銀杏路的AKA Gallery and Café，用紅磚塊砌成的小屋讓人感覺像來到了北歐小鎮。招牌上寫著「Gallery and Café」，果然推門進去就見到女神雕塑，牆上還掛著好幾幅繪畫，坐在窗邊，陽光剛好灑進店內，這樣的環境再點上一杯溫熱的花茶，時間就像在那一刻凝固了。另外咖啡店的2樓是畫廊，即使不點飲品也可以免費參觀。

01 AKA Gallery and Café是一家紅磚頭小屋
02 陽光燦爛，我在咖啡店內品茶，感覺幸福

來全州一定要吃拌飯

　韓國的拌飯本來就是從全州來的，所以來到全州，怎能不試試最正宗的全州拌飯呢？

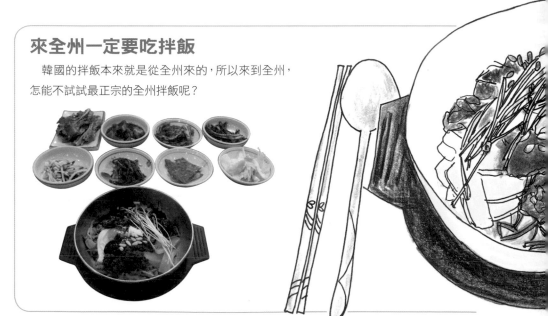

Part 3

品味首爾的悠閒時尚氛圍

時尚。文化。藝術。潮流。

這幾個名詞，就代表了新沙洞、狎鷗亭、清潭洞和漢南洞。

DK

DONNA KAR

NY

NEW YORK

新沙洞 林蔭大道

時尚首爾

신사동

要買便宜大路的衣服,會到東大門、江南地下街,但不喜歡隨波逐流、有個性的時尚人,絕大部分都集中在林蔭大道,為什麼?因為這裡有最新最流行的衣飾店,也有自家設計的時裝品牌,大型服裝連鎖店林立,再加上特色咖啡店和充滿情調的餐廳,新沙洞因此形成一個獨特的時尚消費圈。
即使平常不太會購物的人,來到林蔭大道也會失去理性,栽進一家接一家的服飾店裡!

" 時裝。文化氣質小區 "

林蔭大道

- 🚶 地鐵出口
- 🍴 美食、咖啡
- 🛍 購物
- ⚫ 景點、地標
- 地鐵站

🍴 Café Ninis

Caffé Be

8號出口 🚶

3號線 新沙站

狎鷗亭路

往狎鷗亭站

新沙洞林蔭大道

Bookbinders

CU超商

Starbucks

Café 5 Cijung

Around the Corner

新鷗小學

A-mono

My Favourite

Layer 1

Kate Spade

Farmer

Café Oui

Cosmo Gallery

Bloom & Goute

Lure costume jewelry

Allo Paper Garden / king-Service

A-land

Buccella

Urban Art 畫廊

Maki

Lay Bricks Coffee

花園咖啡館

Coco Bruni

Black-smith

Dorothy Table

Blooming Garden

The Flying Pan-White

School Food

新沙洞林蔭大道

新沙警局

島山大路

Shopping 悠閒逛

時尚人大匯集@林蔭大道

在林蔭大道行走，就好像走進了時尚雜誌。男男女女都經過細心打扮，緊貼潮流，走起路來充滿自信，讓人不禁回頭再看一眼。現在，看看他們在林蔭大道上最喜歡的店家是什麼？

A-land　에이랜드

地址 서울 강남구 신사동 534-18
電話 070-7820-7545
網址 www.a-land.co.kr

　　雖然A-land在明洞、狎鷗亭等都有分店，但以林蔭大道的最大、貨品最齊全，連同地下室共有6層，從流行女裝、男裝、設計飾品、文具，連設計家居用品、書店、咖啡店都一應俱全。

　　喜歡這裡的原因，除了因為這裡賣的都是外面找不到的個性服飾，更大的原因是A-land的主旨：幫助一眾名氣不大的時裝設計師，讓他們設計的時裝也能公開擺賣，增加大眾對他們的認識。雖然A-land賣的設計服飾偏中上價格，但賣的可是設計師們的心血結晶！想到這裡，我還是乖乖地掏出錢包付鈔了。

金銀雨 김은비
最喜歡的店家
A-land

張文珠 정민주
最喜歡的店家
St.a
8seconds
Forever 21

路人
最喜歡的店家
A-land

李真容 이진형
最喜歡的店家
A-land
Around The Corner

朴智純 박지수
最喜歡的店家
A-land

金汶路 김미루
最喜歡的店家
Around The Corner

安樹香 안채향
最喜歡的店家
太多了，這裡有很多
不錯的時裝店啊！

Around the Corner
어라운드 더 코너

地址 서울 강남구 신사동 532-5
電話 02-545-5325
網址 blog.aroundthecorner.co.kr

「Around the Corner」，顧名思義就是「在轉角處」；而真正的意思，是「All the good things are just around the corner」(所有好東西就在轉角處)。走進店內也許感受不會如此強烈，但只要留心看看貨品旁邊的小介紹，你就會開始對他們的小東西也另眼相看。

店內全是從世界各地採購回來的設計品，沒有知名品牌，全部都是誠意設計，每件設計都有背後的小故事。店內還設有咖啡空間Café Publique Friends，用的咖啡豆是國內有名的Coffee Libre，每天早上出爐的新鮮麵包是由巴黎國立麵包烘焙學校出身的廚師所做，出售的Magpie啤酒更是由幾位年輕美國人自家製的啤酒。這麼用心的店家，難怪成為林蔭大道上「最受喜愛的店家」之一了。

留意物品旁邊寫的小故事吧！

總括來說，榮登林蔭大道上最多時尚人擁護的店家是
A-land 和 Around the Corner！

時尚服裝以外的新沙洞

不是每個人都愛時裝，那是不是代表在新沙洞就會悶慌了呢？
當然不會！新沙洞除了時尚潮流服飾，還有自家設計的精品店、個性手作飾物店、收集童年回憶的玩具店／書店。來到新沙洞，不單只走在銀杏樹下的林蔭大道，更要鑽到巷子裡去，才算是感受了韓國人心目中所喜歡的新沙洞氣質。

A-mono Home+design　메이모노

地址 서울 강남구 신사동 523-33 1 층　**電話** 02-545-0805
網址 www.amono.co.kr

韓國設計師們開創的品牌系列

　　在新沙洞開店已有好幾年的A-mono，別看裡面都是一派外國風格，其實店內的設計全由A-mono的一組韓國設計師主理，所有東西也是韓國製造，絕對是韓國本土出品。A-mono有好幾個設計品牌，「a room」、「café furniture」是他們的家具品牌，而「junk food」則主要是懷舊風的T-shirt，有型的圖案吸引不少男明星購入——由他們來演繹的T-shirt在他們身上好像立即小了一號！

　　店內最受歡迎的是「keep calm and carry on」系列。據說是英國為了鼓勵當時對抗納粹的士兵所創作的口號，心煩的時候拿起那個「keep calm and carry on」的杯子或抱枕，也許能令人「冷靜」點？

01 店內有許多品味家具
02 「keep calm and carry on」系列
03 一系列的美國漫畫式畫報，連畫框約20萬韓幣

04 從一堆玩具中找尋回憶,
　　也找尋失落的童年時光
05 在店內有出現的Snoopy

05

My Favourite

地址 서울 강남구 신사동 523-32 1층　**電話** 02-544-9319
網址 www.alicesugar.com

尋找充滿童年回憶的小玩意

　　小時候總有喜歡的卡通人物吧?在My Favourite也許就能找回這些童年的回憶——藍色小精靈、原子小金剛、史奴比、還有大人的玩具:積木熊(Bearbrick)、摩比人(Playmobil)、Kubrick的小模型堆滿在小小的店內,讓迷戀小模型、公仔的收藏迷能在My Favourite找到那收藏系列中缺少的一角。

　　My Favourite就像一家小小的玩具博物館,店主也很隨意讓人慢慢參觀,完全沒有購物壓力。店內還有大量關於設計、介紹各類收藏品的外國原版書籍,世界上古靈精怪的物品也能成為收藏品,喜歡這類書籍的人也能在此找到自己的「Favourite」喔!

Cosmo Gallery　코즈모갤러리

地址 서울 강남구 신사동 534-13　**電話** 02-3446-0989
網址 www.cosmogallery.co.kr

手作女孩最愛的店

　　櫥窗設計很簡潔清新,架上一個個小格子整齊地排列著不同的可愛商品,整個櫥窗看起來就像一幅精美的平面設計圖。讓人忍不住要抱一下的人偶、色彩斑斕的相簿、年冊、文具,還有做拼貼的材料,全都集合在店內。還有在外面很少見到的特色印章,像我這種喜愛做小手作的女孩,一定會對這裡的東西愛不釋手!

很有特色的印章

01 Lure costume jewelry走復古路線的飾物，帶點高貴玩味
02 Farmer的髮飾種類也許是我見過最多的一家店
03 走到Farmer的盡頭就會看到「牧場少女」和「Josephine」

Lure costume jewelry

地址 서울 강남구 신사동 545-2 **電話** 02-515-3802

貴婦最愛的個性手工飾品

　　一條粉紅色的絲帶令Lure首飾店一下子明亮了起來。粗糙的灰色牆壁跟絲帶組合成的小店，走的正是粗獷又女性化的復古路線，所有飾品都是手工製作，充滿個人獨特風格。位於清潭洞的現代百貨也有寄賣Lure的手作首飾，可想而知Lure的飾品也深得一眾貴婦的愛戴，但價錢也沒有很驚人，買一對2萬韓幣的仿鑽耳環，做個短暫貴婦又何妨？

Farmer

地址 서울 강남구 신사동 546-7 **電話** 02-543-2564

普羅旺斯風的鄉村少女首飾

　　在林蔭大道主街上共有兩家店，但近狎鷗亭方向的Farmer比另一家大得多。店內除了一向專賣的髮飾外，還有手作飾物店「Josephine」和復古設計的服裝店「牧場少女」。Farmer髮飾營造的是一種巴黎普羅旺斯的自然浪漫感覺，配搭「牧場少女」的復古樸素田舍少女服飾，不用擔心會變成「鄉下少女」，只會變成「清新可愛少女」喔！

賣的服飾差不多，為什麼林蔭大道的看起來都比較高級漂亮？

如果有留意，也許會發現林蔭大道上的服裝店看起來都很相像。如果有在東大門等批發市場混得很熟的朋友，或者會發現在這些服飾店裡頭，有時會找到跟批發市場賣的一樣的衣服。

即使是這樣，經過各店家用自己的眼光挑選後的衣飾，然後再放到可愛的小店內陳列，櫥窗裡的那一套套充滿個人風格的套裝，反映出各店家的品味和時裝取向，看起來已經不再是同一件衣服了。

在一大堆參差、擠得密麻麻的衣服中拼命找出自己喜歡的，是一種時間上的浪費，但是如果能在舒適並提供試穿服務的店內，慢慢挑選店主已精選好的衣飾，也算是為緊迫的行程節省下了一些空檔。所以和東大門比起來，在林蔭大道店家所付出的價錢差異，算是付給美好的購物環境和省下的時間了。

Carrots cake
6.500

Fresh
Fruits Tart
7.500

Delicious　Tiramisu

嚐美食

brûlée
500

Petit
cheese cake

Chiffon cake
25.000

不用飛歐洲，在新沙洞的咖啡店也能感受歐陸風情

新沙洞的特色風景，除了時尚的服飾店，還有在巷弄內一家家充滿歐洲情懷的咖啡店和餐廳，走在街上，不禁會反問自己：「我在韓國嗎？」或是有種苦惱：「今天，要選哪一家咖啡店？」

Bloom and Goute 블룸앤구떼

地址 서울 강남구 신사동 534-6
電話 02-545-6659

好像來到歐洲的後花園

因為聽到幾位年輕店員從側門把糕點搬上車時發出的清脆嘻笑聲，令我注意到巷子裡的這家店。我想，工作環境跟員工的心情有莫大的關係，Bloom and Goute共兩層的樓層內，有花店和咖啡店，面對著寬闊和開滿鮮花的空間，讓人的心情也隨之放鬆下來。也許歐洲人的隨意舒坦就是這樣培養出來的？

從外觀會以為這是家高價位的咖啡店，其實在這裡吃一個每日現製的蛋糕才不過5,000韓幣，咖啡也不過是6,000韓幣左右。全部糕點、麵包都是手工，每天新鮮供應，也有不少人來這裡專買蛋糕外帶喔！若剛巧來吃午餐，這裡的Lunch Set(11：00～15：00)絕對是最好的選擇，主菜最低只需12,000韓幣，我在這裡吃到筆管麵的美味，到今天仍然難忘！這家店在韓國頗有人氣，最好避免週末高峰時間(下午兩點)，才能好好享受乳酪跟義大利麵在口中融合的滋味！

Buccella三明治店

地址 서울 강남구 신사동 534-22 1층
電話 02-517-7339

一入口就讓人靜默回味

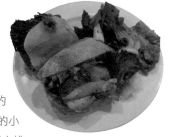

完美組合的三明治，香脆軟綿的麵包是整個三明治的重點，看到照片也想咬下去

要選最喜愛的三明治店首選，我一定會選新沙洞的Buccella。店面看起來古舊古舊的，感覺像西班牙某小鎮內的小店一樣。週日來到這裡，放在外面的候位名單已經有好幾個人排了名字，可想而知Buccella的人氣。

在氣溫只有-16度的那天再次造訪，裡面沒有什麼客人，跟週末的情況大相徑庭。打開餐單，三明治的選擇只有7種，就叫了客極健康的素菜三明治。一口咬下塞滿茄子、蘑菇和新鮮蔬菜，再加醬汁的三明治，立即明白為什麼會有候位名單的存在──最美味的配搭加Buccella的招牌麵包，的確是別處吃不到的美食！

旁邊的兩位韓國男生點菜後一直談個沒完沒了，但當三明治送到桌上，用餐過程中只有一片寧靜，相隔3分鐘後終於抬頭吐出一句：「很好吃！」我的心裡也大聲回應：「看吧！真的很好吃啊！」

LAYER 1 artbook café　레이어원 아트북카페

地址 서울 강남구 신사동 533 1층
電話 070-8865-4201

同時吸收藝術和咖啡因

　　我遊蕩的路線總是喜歡轉進巷子裡、走進地下樓，每每都會找到令人驚喜的小店或咖啡店。就像這家藏身在地下1樓的咖啡店。推門進去，眼前是明亮寬敞的空間，四面擺放著最新的時裝／攝影雜誌，用磚頭砌成的書架上，全是國內外的藝術書籍，讓人一邊喝咖啡一邊吸收藝術養分。不單只是咖啡，這裡還提供酒精飲品，不好咖啡因的人來一杯小酌如何？

Café Ninis　카페 니니스

地址 서울 강남구 신사동 511-7　**電話** 02-516-3020
網址 blog.naver.com/cafeninis

現做的重量級帕尼尼

　　看到這家咖啡店的名字，就知道它最拿手的是帕尼尼(Panini)了。帕尼尼是義大利麵包的代表，除此外，這家餐廳也賣另一種義大利名物──義大利麵。

　　在義大利麵和帕尼尼之間掙扎良久，終於還是選了它們的招牌推薦「奶油蟹肉帕尼尼」。送到桌上的那份帕尼尼，單看滿溢的半溶乳酪，就已經知道自己不會後悔，果然一口咬下去，那蟹肉的鮮甜味和裡面混合的香草，是始料未及的美味！一客帕尼尼其實足夠填滿兩個女孩子的胃。再來一個沙拉，又是一頓令人滿足的식사(食事)！

01 LAYER 1 artbook café提供各類酒精飲料，另有場地租借服務，可以用來開個派對啊！
02 Café Ninis有非常寬敞的空間，雜誌和書籍的選擇都是偏向時裝和藝術方面

01　02

花園咖啡店　the 화원

地址 서울 강남구 신사동 535-12 1층
電話 02-542-5565

可愛的菜單

在小狗狗遊玩的花園喝杯咖啡

　　韓文「화원」就是花園的意思，正貼切「the 화원」給我的印象。在大型連鎖店「the 8seconds」旁的「the 화원」，外面放滿了綠色植物，叢林中有個小小的牌子寫著容許寵物入內。為什麼？因為店主本身就有3隻可愛的小狗狗在店內扮演公關角色，穿著小尿布走來走去，還不時把小手踏在客人的膝蓋上，一副討吃的樣子，喜歡狗狗的人一定會喜歡牠們！

　　除了環境，「the 화원」提供的飲料大概是新沙洞裡少有的便宜，只需3,500韓幣一杯的americano，唯一要挑剔的也許只有跟氣氛不搭的外帶紙杯！

Allo paper garden / talk service

地址 서울 강남구 신사동 520-9
電話 02-541-0208

觀賞街景的絕佳地點

　　位於新沙洞的這座白色建築物，在韓國本土和外國的旅遊飲食雜誌都曾被推薦過，是風格餐廳＋咖啡店＋販賣衣服精品集一身的空間。

　　在偌大的窗戶前坐下，旁邊擺放著一整架世界各地品牌的咖啡工具和咖啡杯，雖然我對沖調咖啡一竅不通，還是買杯香濃的咖啡坐在窗邊看街景。在有3個跟我一般高的窗戶前突發奇想：「究竟我是想看人，還是想要人看到我？」

03 talk service沖調咖啡的工具，令咖啡看起來更美味的咖啡杯
04,05 talk service店內營造簡單低調的文化氛圍。坐在窗邊，看人也被觀賞

狎鷗亭

압구정

🚶 地鐵出口
🍴 美食、咖啡
🛍 購物
🌐 景點、地標
地鐵站

韓國朋友跟我說，狎鷗亭跟從前相比，沉寂下來了，沒有從前走在時尚尖端的高高在上，因為林蔭大道的冒起，潮人都跑到那邊去了。
也許潮人的確沒以前多，但時尚的店家還是存在，仍然合力經營著狎鷗亭那時尚流行的文化氣息。狎鷗亭並沒有沒落，反而是多了一分寧靜。比起以前，我更喜歡現在的狎鷗亭！

像走在日本裏原宿，藏著許多潮流小店的街道上

SK加油站

島山

66 狎鷗亭，真的沒落了嗎？ 99

不同類型的時尚服飾店，街上滿是創意和令人驚喜的店家，連設計狗狗衣服的寵物服飾店都有喔！

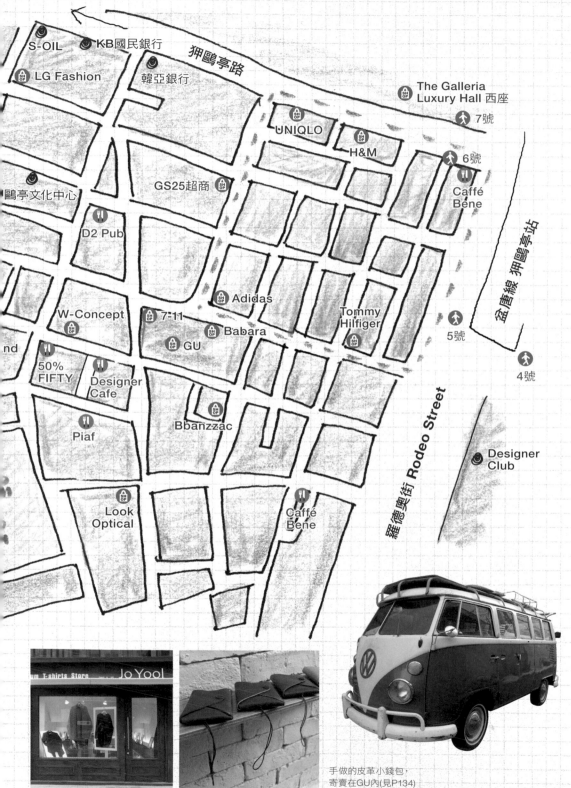

往地鐵狎鷗亭站

S-OIL
KB國民銀行
狎鷗亭路
LG Fashion
韓亞銀行

The Galleria
Luxury Hall 西座
7號

UNIQLO
H&M
6號

鷗亭文化中心
GS25超商
Caffé
Béne

D2 Pub

盆唐線 狎鷗亭站

Adidas

W-Concept
7-11
Tommy
Hilfiger
Babara
5號
GU

nd

50%
FIFTY
Designer
Cafe
4號

Piaf
Bbanzzac

羅德奧街 Rodeo Street

Designer
Club

Look
Optical
Caffé
Béne

Jo Yool

手做的皮革小錢包，
寄賣在GU內(見P134)

關於設計。關於藝術。關於手創

擁有個人特色的服裝設計師在狎鷗亭開店；收集潮流品牌的特色服飾零售店進駐狎鷗亭；手創設計師在狎鷗亭默默經營；品味咖啡店、餐廳密集在狎鷗亭。狎鷗亭，還是值得一遊！

01

GU
地址 서울 강남구 신사동 657-6
電話 010-9144-0125

屬於做夢者的手作銀器飾物

小店又長又窄的GU，經過的人也許對它的存在不以為意。但店內的昏黃燈光照射著那掛在牆上的手作飾物和皮製卡套，一派手創工場的氣氛會把喜歡的人吸引進去。

GU的店主是個專攻銀器類的大學生，畢業後一直製作銀器飾物，在弘大的自由市場擺了7年攤檔，3年前到明洞開店，卻受不了那兒的喧囂，最後搬到狎鷗亭開了這家小店兼工場。

年輕又帶點優雅氣質的她，認為狎鷗亭的寧靜能讓她有更多時間做出更多更好的飾物設計——原來開店並不是要賺大錢，不一定要客似雲來，寧靜反而是在狎鷗亭開店的原因！

GU主要是用原石加銀器製作各類飾物，帶點復古的風格，店內還有寄賣她朋友做的品牌「left road」手製牛皮卡片套及小掛包，只賣10,000韓幣的皮製卡片套，但心意卻無價！

02

01 在GU寄賣的「left road」皮革用品，由已做了10年皮革的park jeong woon製造，在10×10等設計商店也有擺賣
02 年紀輕輕的店主Min Ji Gu

快速被一掃而空的手工巧克力

什麼是藝術？畫廊裡的一幅畫、牆上的塗鴉、博物館內的雕塑是藝術，有沒有想過，製作巧克力也是一種藝術？

Piaf Artisan Chocolatier，就是一家把製作巧克力視為一種藝術的工房。每天主廚和另一位店員製作巧克力。用上有機材料製作的新鮮巧克力，一顆顆排列整齊的在透明櫃內，看那充滿光澤的外層，已讓人想伸手去拿一顆放進嘴裡！

入口即溶是放進嘴內的第一個感覺，巧克力的香濃隨後趕上，然後是完全溶化後味道漸漸消失的惆悵感。怪不得架上包裝得高級美觀的巧克力會被一掃而空，韓國、日本的飲食旅遊雜誌也報導頻繁──這種味道細緻濃郁的手工巧克力，怎樣也要試一次！

Piaf Artisan Chocolatier
地址 서울 강남구 신사동 647-9
電話 02-545-0317
網址 www.piaf.co.kr

04 原木色店面
05 主廚兼經營者Edward Ko
06 Piaf的巧克力
07 除了新鮮製的巧克力，也有包裝好的巧克力和馬卡龍，也是伴手禮的好選擇

아몬드 초콜릿
Amandes au Chocolat
₩10,000
아몬드를 감싼 바삭한 캐러멜，캐러멜을 감싼 다크 초콜릿

外國設計的高級精緻首飾

　　BBANZZAC的精緻飾品，是從世界各地採購回來的，風格也像店內的裝潢一樣，原始、有型、時尚。當中的首飾有不少是知名設計師設計，我最喜歡的是配上鮮艷花飾的字母頸鏈，特色之餘也充滿浪漫的少女氣息。

　　由外國手工製造和進口，飾品由最便宜的10萬～300萬韓幣都有，屬中上價格。但手工的細緻度和設計品味，使付出的價錢跟得到的品質絕對成正比！

BBANZZAC
地址 서울 강남구 신사동 656-6 1층
電話 02-3446-5681

原始簡約的家具╳咖啡店

喜歡無印良品原木簡約、自然風格設計的人，一定會愛上Design Café。雖說這是家咖啡店，但店內像一個居家用品店一樣，帶點家的溫暖。店主兼設計師Kim Hee Jun，已有30年以上的木材工作經驗，用100%日本原木製作簡約原始的家具和日常用品，店內就像北歐的小屋，只欠一個讓人圍著取暖的火爐！

旅行中當然不可能把家具買回家，但不妨欣賞一下店主如何利用木材做成一系列小物件，觸摸手工木材的原始質感，從小處感受設計者的細密心思。

01

Design Café
地址 서울 강남구 신사동 646-5
電話 02-3445-2822
網址 www.naturalfurni.com

02

03

01 花茶用特殊的保溫杯裝著，很貼心
02 店內既展示原木家具，也是咖啡店
03 店主設計的日常家品，既有個人特色也很有品味
04 很可愛的用木做成的燈形迴紋針收藏器

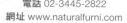
04

清潭洞

청담동

清潭洞可說是首爾最上流的區域，世界名牌專門店、知名設計師的展示室、韓星的私宅區、SM Town、JYP經紀人公司也在清潭洞，名牌大街和巷弄裡散發著一種高尚品味的貴氣。

沒有那種大錢消費高級品，來清潭洞可以做什麼？可以在大街後的巷子裡散步，遊走在精心設計的名店櫥窗之間，感受首爾貴婦紳士們居住的清幽環境，呆坐在或許某某明星曾光顧的咖啡店裡消磨光陰。不用花大錢，就能感受當半天《清潭洞愛麗絲》的滋味！

66 最高級、最奢侈的品牌旗艦店聚集地 99

1號 🚶

The Galleria
Luxury Hall 東面

盆唐線 狎鷗亭站

羅德奧街 Rodeo Street

Desi Club

Burger King

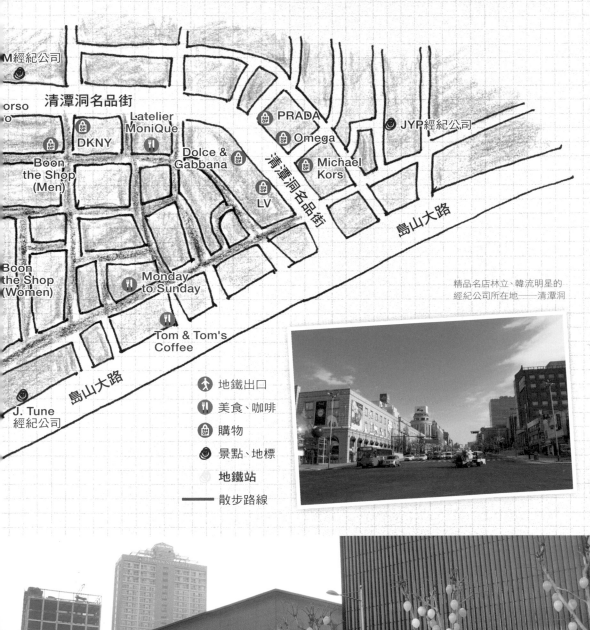

M經紀公司

清潭洞名品街

orso
o

Latelier
MoniQue

DKNY

Boon
the Shop
(Men)

Dolce &
Gabbana

PRADA

Omega

Michael
Kors

清潭洞名品街

JYP經紀公司

LV

島山大路

Boon
the Shop
(Women)

Monday
to Sunday

精品名店林立、韓流明星的
經紀公司所在地──清潭洞

Tom & Tom's
Coffee

島山大路

J. Tune
經紀公司

🚶 地鐵出口

🍴 美食、咖啡

🛍 購物

◉ 景點、地標

◉ **地鐵站**

── 散步路線

Have a walk 散散步

對名牌冷感的我，
沒想到會愛上清潭洞⋯⋯

時尚服飾店的華麗櫥窗、猶如走在歐洲住宅小區的巷弄、轉個彎是歐陸式的建築物、畫廊和清潭洞藝術中心，對名牌冷感也沒錢的我，想不到會愛上了以名牌時尚為名的清潭洞。是它的清靜、高雅的氣質，與大街上的名店劃清了界線。
來清潭洞不購物，來散個步，這個行程夠新鮮吧？

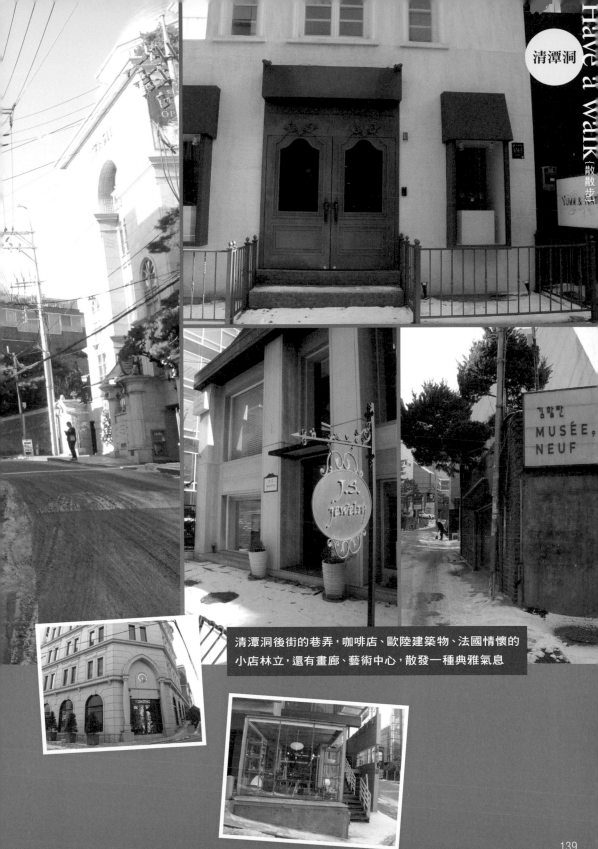

清潭洞後街的巷弄，咖啡店、歐陸建築物、法國情懷的小店林立，還有畫廊、藝術中心，散發一種典雅氣息

Coffee 咖啡館

清潭洞內，令人迷失時間的咖啡店

在清潭洞出入的男女，都是這裡的獨特風景。
穿著入時，挺起胸膛，自信十足的路人，令清潭洞變成一個開放
的街頭時裝秀場地。即使不能成為他們的一份子，在咖啡店點
一杯跟他們一樣的咖啡，也大概滿足那一點點虛榮心吧！

Café MONDAY to SUNDAY

地址 서울 강남구 청담동 93-13 B1층
電話 02-549-2229

讓人失去時間概念的咖啡店

　　星期一到星期日，每天的必需品是什麼？對
我而言，一定是一杯香濃的咖啡。

　　Café MONDAY to SUNDAY 能夠在清潭洞
占一席之地，咖啡的品質不容置疑，而令人窩
在裡面不願動的沙發，讓人失去時間概念，直
到看著落地玻璃外的夜幕低垂，才驚覺：「現
在幾點了？」

店內營造的是一種讓人忘記時間的氛圍，
一本雜誌，一杯咖啡，一個下午

L'aterlier Monique Boulangerie

地址 서울 강남구 청담동 80-21
電話 02-549-9210
網址 www.labmonique.com

法式麵包，骨子裡日本味

　　擁有法國名字的麵包店，卻奇怪為什麼麵包旁的小牌子寫著日文注釋。問一下店員，原來這裡的廚師是日本人，所以L'aterlier Monique雖然有賣傳統的法國麵包甜點，但主要做的是日式麵包。

　　點了一客用illy咖啡豆沖的卡布奇諾，和一個日式烤奶油麵包，店員送上咖啡時對我投以溫暖的微笑，我不禁為這家法日Fusion麵包店加了分。再咬下軟綿綿的麵包，也許因為它的烤房就在店內，奶油還是很濕潤——實·在·太·美·味·了！

　　再看看標價，最便宜的麵包只需1,500韓幣，一杯illy咖啡也不過是4,300韓幣。在清潭洞內有這樣一家便宜又美味的麵包咖啡店，真是令人難以置信！

麵包和咖啡果然是最好的朋友，美味又便宜

漢南洞

時尚首爾

한남동

漢南洞，也許不是一個熱門的旅遊日程。
沒有繁榮的購物大街，沒有一家接一家的化妝品店，
但這裡有韓國最大的私立美術館和劇院，以及明星
的私人住宅，加上各國大使館林立而進駐的商店和
餐廳，都充滿了異國風味。就算不購物，也能來
漢南洞感受那時尚的藝術氣息，再到旁邊的
梨泰院血拼吧！

" 低調的異國風高尚小區 "

北漢南
三岔口

1號

Blue Square

2號

3號

6號線
漢江鎮站

首爾漢南小學

Comme des
Garcons

Leeum Samsung
Museum of Art

Parlour/
Passion 5

Richesse Velour

Volkswagen

SK加油站

B-Kitchen

MMMG

IP BoutiQue
Hotel

La Cocott

往梨泰院

漢南洞居民中心

Banana Grill

KEB外換鈺

P160

附近順遊

梨泰院

從漢江鎮地鐵站1號出口出來
後，一直向前走，大約5～10分
鐘就能到達充滿異國風情的梨
泰院了！

🚶 地鐵出口

🍴 美食、咖啡

🛍 購物

◉ 景點、地標

地鐵站

漢南洞，怎麼去？

　　要到漢南洞，可以在631漢江鎮站2號出口出來後，向Blue Square方向直走，會看到一個寫著이태원(梨泰院)的巴士站。由巴士站登上110B的巴士，在第3個巴士站漢南洞下車，便到達使館區和明星的私人住宅區域。

1 從2號出口出來看到Blue Square，直走2分鐘

2 就是這個寫著이태원(梨泰院)的巴士站，在這裡乘110B巴士，大概不到5分鐘就到漢南洞

3 在這段漢南洞大街一直走上去，一路上都是異國風情的商店、大使館和豪宅

時裝人的最愛「Comme des Garcons」都在漢南洞開店，令越來越多年輕設計師把小店搬到漢南洞

大使館路＋豪宅區的清幽散步路線

　　漢南洞除了有各大使館、漢南外國人公寓，歐式小餐廳、咖啡店，還有不同國家的國際學校，和一張張異國面孔，令整個漢南洞散發的異國風情更加強烈。除此之外，還帶點清潭洞式的低調奢華。來漢南洞的銀杏樹下散散步，就是來首爾的新興旅遊日程！

Design 賞藝術

在漢南洞，看一場話劇，看半天展覽

韓國人總是有很多方式去消磨時間，除了看電影、坐咖啡店，到美術館看展覽，到劇院欣賞舞台劇，也是他們的愛好之一。要不要在緊密的行程中，暫時放下購物欲，讓眼睛吸收點藝術養分，感受韓式的悠閒時光？

韓國最大的私人美術館

「Leeum」的意思，就是三星集團創辦人李秉喆會長的姓氏「LEE」，再加上美術館「MUSE-UM」，加在一起就是「Leeum」，故名思義Leeum就是展示李秉喆先生私藏品的美術館。

除此以外，館內還分有Museum 1(古美術館)和Museum 2(現代美術館)，分別展示韓國的古美術品和其他世界知名藝術家的作品。

這裡稱得上是韓國最大的私人美術館，要全部逛完大概也要兩個小時，如果天氣晴朗，時間又安排得宜，還可以在平台看到黃昏下美麗的梨泰院洞內景色喔！

Leeum Samsung Museum of Art
삼성미술관 리움

地址 서울 용산구 한남동 747-18
電話 02-2014-6900
網址 leeum.samsungfoundation.org
開館時間 10:00～18:00(最後入館時間17：00)
休假 週一休館
入場費 大人10,000韓幣，小孩 6,000韓幣

國際級音樂劇的公演場地

　　韓國interpark集團為了促進韓國的舞台公
演藝術文化而建立的BLUE SQUARE，是韓國
最大的劇院，公演世界知名音樂劇和話劇，像
phantom of the opera、les miserable，也舉
辦演唱會等。想看一場國際級的音樂劇，可以
先到它們的網址訂票。

BLUE SQUARE
블루스퀘어

地址 서울시 용산구 한남동 727-56
電話 02-6739-1394
網址 www.bluesquare.kr

BLUE SQUARE內
的小劇院Nemo

Coffee 咖啡館

在漢南洞的下午茶時間

走進歐式咖啡店／茶屋，點一客英式下午茶、一客法式馬卡龍，搭配一杯**Earl Grey**英式紅茶、或濃郁的義式**Cappuccino**，度過一個歐式悠閒的下午茶時光，讓自己完全融入漢南洞的歐洲氛圍吧！

Richesse Velours Tea Shop & café 리쉬스 벨루

地址 서울 용산구 한남동 741-17　**電話** 02-797-8878

低調優雅的宮廷式茶屋

逛完三星美術館後，在周邊的寧靜住宅區亂走，讓我跟隱身寧靜的這家店有了碰面的機會。由普通住宅改建而成的Richesse Velours，只有用手繪的「Café & Tea」字樣讓人意識到這是一家茶屋／咖啡店，低調得很。

茶屋分兩樓，樓下放滿了一罐罐世界各地的名牌茶葉和沖調櫃台，樓上則營造出一個純白色的空間，加上懷舊吊燈，充分表現Richesse velours低調的品味。當男侍把熱茶送到面前，精緻的歐洲宮廷式茶具立刻把對環境的好奇心都屏退了，眼前只剩下茶杯上的花紋和金邊。在這裡品茶，不只是一種身體的放鬆，也是一場視覺的盛宴。

01 放滿名牌茶葉的空間
02 純白色的環境與色彩繽紛的茶具花紋形成強烈的對比
02 Richesse Velours隱身在閑靜的住宅區內

La cocotte European bistro 꼬꼬뜨

地址 서울 용산구 한남동 28-9　**電話** 02-798-0052
網址 blog.naver.com/cocotte2010

像走進藝術畫廊的咖啡店

　　走過漢南洞大街，一定會看到這間鮮黃色外牆，帶著法國情懷的La cocotte European bistro。而把我吸引進店內的，是畫在玻璃上的手繪貓咪——原來La cocotte不只是一間餐廳，也是一家小小的藝術展覽館！

　　店主的丈夫在巴黎藝術學院博士學位畢業，餐廳內的繪畫都是出自他的手筆，像小朋友般純真的畫風，令整家餐廳的氣氛都歡愉起來。夫婦2人合作把La cocotte變成一個充滿法國浪漫情調的空間，在這裡喝一杯咖啡，或品嘗一個豐富的Brunch，也許能重拾那點點童真？

04 在店內，到處都是藝術
05 也可以看看書，消磨悠閒的時光
06 La cocotte的外牆也寫滿手繪字

Passion 5 café/ bakery/patisserie/chocolat 패션5

地址 서울 용산구 한남동 729-74 1층　**電話** 02-2071-9505

令人不能空手而回的精緻甜點

　　從漢江鎮站散步到梨泰院的路上,發現這幢深藍色的5層建築物Passion 5不斷有人進進出出,好奇心驅使下推門進去,咖啡和甜點的香味立即撲鼻而來。原來Passion 5大樓的1樓就是集咖啡、甜點、麵包和巧克力店於一身的Passion 5。

　　後來聽韓國朋友説Passion 5的麵包甜點在韓國人氣極高,難怪店內人潮熱絡,人人都提著蛋糕盒子離開了。冷凍櫃內放著熱賣的布丁和蛋糕,還有獨立包裝的精緻餅乾,讓人可以選擇不同的款式。送給女孩子用可愛小熊袋子包裝的餅乾,就算她不愛餅乾起碼也會喜歡那個袋子!

　　客人可以在選擇糕點後再到旁邊的咖啡店點杯咖啡,或者在巧克力店買幾個它們最有名的馬卡龍,也是不錯的咖啡搭檔喔!

01 Passion 5有名的馬卡龍,像我一樣有選擇困難症的人有麻煩了
02 獨立包裝的餅乾和小蛋糕,把它們統統放進小熊袋裡面送人吧

你以為價錢會很驚人吧?兩人份的Haute Cou-tea
套餐,包括一杯英式紅茶,每人才不過25,000韓
幣,用少少錢享受半天當公主的滋味吧!

Parlour

地址 서울 용산구 한남동 729-74 지하1층　**電話** 02-2071-9560
網址 www.parlour.co.kr

把時裝變成下午茶的主角

在Passion 5大樓的地下1樓,還藏著一家如夢幻宮廷
般的歐式輕食茶室。

從1樓走下樓梯,看到轉角的時裝雜誌掛畫和打扮高貴
的模特兒人偶,會狐疑究竟有沒有走對了路?踏進粉紫色
裝潢的Parlour,就像走進童話故事裡的公主房間,但這
跟時裝有什麼關係呢?

傳統英式下午茶在Parlour的Menu上來了個時裝融
合。蛋糕和餅乾的靈感來自當季的時裝亮點,點一客
Parlour的「Haute Cou-tea」(Haute couture是高級訂作
時裝的意思),華麗的裙子、高跟鞋都變成美味的甜點,精
緻得讓人不忍咬下去。

149

韓國的整容文化

韓國人真的很愛變臉嗎？

　　每次我從韓國回來，朋友總是問我：「有沒有整容回來？整了那裡讓我看看！」

　　然後我就會答：「如果整了也是這個樣子，不是太浪費錢了嗎！」

　　從朋友們的反應，就知道他們對於韓國的印象，就是整容普遍得也許10個韓國女生裡面有9個都有整容的程度。

　　我不能證實這個說法，但整容在韓國的確不是什麼值得大驚小怪的事情，在韓國割雙眼皮已經不再是一項手術。在江南區，整形外科醫院的廣告淹沒了所有地鐵站，尤其是設有多間整形外科醫院的清潭站、三成站、江南站和狎鷗亭站。

　　近年到韓國做整形手術的人越來越多，韓國觀光公社還設立了「醫療觀光宣傳中心」，為到韓國接受醫療服務的旅客提供預約醫院、諮詢和手術後的旅遊服務。在新沙洞和狎鷗亭，經常都會見到戴著黑色大太陽眼鏡、口罩或面上包裹著壓力帶的人在「觀光中」。韓國朋友說，醫生會建議病人到外面走走，這樣對傷口有好處，但有時在沒有心理準備下，碰上了他們還真的會被嚇了一跳！

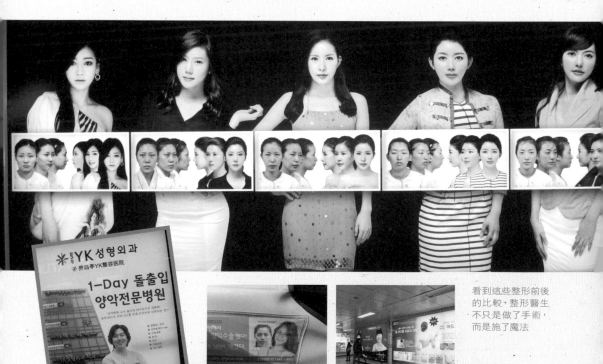

看到這些整形前後的比較，整形醫生不只是做了手術，而是施了魔法

整形醫院見聞

自體脂肪移植/微整形/幹細胞抗老化/顏面輪廓整形……

整形醫院的廣告上，整形項目林林總總，而且那些整形前後的照片的確令人感到整形的威力，我也不甘示弱，到整形醫院……除痣去。

會到韓國除痣的原因是價錢比較便宜，而且我的韓國朋友也跟我說，在韓國除痣是非常簡單的事情，既然要到韓國就「順便」一下。

當天朋友跟我一起到事前已經聯絡好的醫院，甫坐下已見醫院內人頭湧湧，再細看一下那些櫃台職員，沒有一個是沒整容的——有的整得像韓星一樣漂亮，有的卻一看就知道是失敗的個案，不自然的下巴和怪怪的雙眼皮，我心想，在這裡工作的福利也許就是免費整容！

豐腴的女子排著隊進「形象設計室」，見她用手擠出自己的肚腩，應該是打算抽脂。年輕女孩帶著墨鏡來覆診，一脫下眼鏡就看到她那兩個紫黑色的眼袋，雙眼浮腫得很，一定是剛割的雙眼皮和去眼肚了。有些人面上塗了一層厚厚的防痛膏，也許是等待做激光的「病人」。整容醫院裡人來人往，繁榮的情景証明了韓國的整形手術有多普遍。

至於我這種只除幾顆小痣的生意，他們都不怎麼放在眼內，敷衍了事。本來説中文的聯絡人推銷我做一個比我預算貴20倍的療程，拒絕她後她就沒有再出現了。

護士幫我在要除的痣上點了防痛膏，再把白色的藥膏抹走，就輪到醫生匆匆趕到。但護士忘記哪個位置之前有塗了藥膏，醫生就隨便用激光在我臉上亂點，最後把我想除的痣留下，反而沒打算除的卻除了(哭)！

最後的價錢還跟早説好的不一樣，只好當是買個教訓。所以大家如果有光顧整形醫院的打算，一定要做好資料蒐集喔！

首爾醫療觀光宣傳中心

地址 서울 중구 청계천로 40 (韓國觀光公社總社B1)
電話 1330
地址 chinese.visitkorea.or.kr

仁川國際機場醫療觀光宣傳中心

地址 인천 중구 운서동 2840 (仁川國際機場1樓入境大廳5號出口旁)
電話 1330

在街上碰到的整容人

Part 4

品味首爾的異國風情

韓國是一個國際都市，外國人移居到這裡，自然形成一個個異國小區。

為的，是找回那點點的歸屬感，慰藉那點點的鄉愁。

西來村

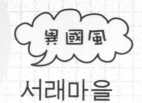
異國風

서래마을

究竟是因為西來村越來越多法國人聚居，而變得很法國，還是因為這裡的法式悠閒而吸引法國人居住？不管是什麼原因，來到西來村，就要放鬆心情、忘記時間，完全投入那慵懶的氛圍中！不如，先從一杯法式香濃咖啡開始？

西來村到處是花

美食、咖啡

購物

景點、地標

往地鐵
高速巴士站

西平大路

서평대로 122
Hotel
Douce

Caffe
Bene

Café 5
Cijung

GS25超商

西來路

KB國民銀行

Square
Garden

Paris
Croissant

新韓銀行

Red
Bricks

Woori銀行

Vecchia
& Nuovo

Gourmet
de Coffee

Market
Vinoflower

狎鷗亭
烘培咖啡

Stove

Merci Café

西來村怎樣去？

1 乘地鐵3號線到高速巴士站(고속터미널站)，從5號出口出來後過馬路到對面

2 會有一個「서래공원」(西來公園)，向著西來公園右轉直走

3 經過Seoul Palace酒店，再一直向前走大概10～15分鐘左右

4 右手邊是大馬路和看起來很舒適的住宅區

5 看到「서평대로 122」這個路牌，轉左就是西來村的主街「서래로」

6 西來村～到囉！

西來村的銀杏路

" 在西來村，感受悠閒的法國氣息 "

Coffee 咖啡館

充滿慵懶法國情懷的咖啡店

巴黎，給我的印象是街上永遠飄著咖啡香，想要喝一杯優質咖啡，只要走幾步就有一家舒適又典雅的咖啡店。在西來村，我找到跟巴黎一樣的感覺。

Hotel Douce　오떨두스

地址 서울 서초구 반포동 93-5 서래빌딩1층
電話 02-595-5705

一進門，不知不覺就染上法式的優雅氣息……

　　光看浪漫寶藍色的外牆和歐式小壁燈，還有那些英文字母上的「ˋ」「ˆ」符號，就會感覺很法國，再加上店內的小巴黎鐵塔掛飾，更明確地告訴客人：Hotel Douce就是一家法式咖啡店！

　　Hotel Douce最有名的，就是法式甜點馬卡龍，有10多種味道可選擇，其中最熱賣的是玫瑰口味，淡淡的玫瑰花香很清幽，不會很甜。另外蛋糕和巧克力也是用最好的食材製作，每次到Hotel Douce，總是很苦惱：「我是要試新口味的馬卡龍，還是還沒試過的栗子蛋糕？」

　　不管點的是什麼，坐在Hotel Douce好像搖身一變成了法國貴婦，舉止都忽然優雅起來，至於男孩子……或許也能變成紳士吧？

01 浪漫法國情懷的店面
02 除了馬卡龍，也出售名牌果醬和巧克力

Paris Croissant 파리크라상

地址 서울 서초구 반포동 95-9　**電話** 02-3478-9139
網址 www.pariscroissant.co.kr

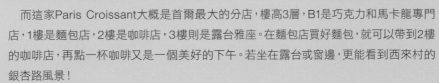

在法式咖啡店裡,享受銀杏路的美景

　　西來村最具法國氣息的咖啡店,一定非Paris Croissant
莫屬了。

　　櫥窗的麵包旁邊,寫的是法文和歐元標價的牌子,店內
的深木色地板加上巨型吊燈,放滿新鮮出爐麵包的開放式
木製層架,還有收銀台後面的歐式麵包陳列櫃,整家店就像從法國搬過來一樣。

　　而這家Paris Croissant大概是首爾最大的分店,樓高3層,B1是巧克力和馬卡龍專門
店,1樓是麵包店,2樓是咖啡店,3樓則是露台雅座。在麵包店買好麵包,就可以帶到2樓
的咖啡店,再點一杯咖啡又是一個美好的下午。若坐在露台或窗邊,更能看到西來村的
銀杏路風景!

　　週末的座位難求,所以要靜靜地感受咖啡店的法國情懷還是平日比較好!

03 位於西來村大街上的法式麵包店
Paris Croissant
04 店內的麵包都在玻璃窗後的工房製
造,所以麵包看起來都很新鮮
05 2樓的咖啡店,咖啡做得很出色

5 Cijung Café

地址 서울 서초구 반포동 106-8 2층　**電話** 02-599-1124
網址 www.5cijung.com

令人愉悅的充沛陽光和午後悠閒

　　5 Cijung Café雖然沒有半點法國氣息，但位於西來村的分店充滿了午後的慵懶氛圍，絕對跟西來村那種歐式悠閒如出一轍。

　　推門走進5 Cijung Café的樓上空間，陽光正灑進咖啡店內，營造了一種明亮感，讓人只想窩在窗邊的沙發上曬太陽，或只是發呆也好。點了一客平日供應的午餐，先來的咖啡杯不只是一個咖啡杯，簡直是一件藝術品！

　　放咖啡的原木端板上，一隻小貓咪笑臉盈盈的，還有綠色小盆栽，整個跟午後陽光的空間融合在一起。最不能忘懷的是那美味得難以置信的義大利麵，這樣一個美滿的午後小憩，才不過12,000韓幣喔！

01 小擺設跟咖啡店的裝潢很相襯
02 不忍破壞像藝術品般的可愛餐具，但香味卻讓人想立即伸出叉子
03 5 Cijung Café除了是咖啡店，也是個小小的藝廊(Gallery)喔！

02

03

梨泰院

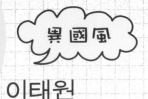

異國風

이태원

身在韓國，除了感受韓國風情之外，還能夠怎樣為自己的旅程增色？如果說，在韓國可以品嘗異國的美味、歐洲的悠閒、東南亞的泰然輕鬆，那麼集各國多元化於一身的梨泰院，就可以滿足人所有的要求。走在梨泰院的街頭，聽到的是不同的語言，不同顏色的面孔，有那麼片刻，會以為自己走在異國街頭。對於那些離鄉背井的異國人來說，這裡可以找到解一時鄉愁的家鄉菜，還有在異地繼續生活的力量。

- 地鐵出口
- 美食、咖啡
- 購物
- 景點、地標
- **地鐵站**

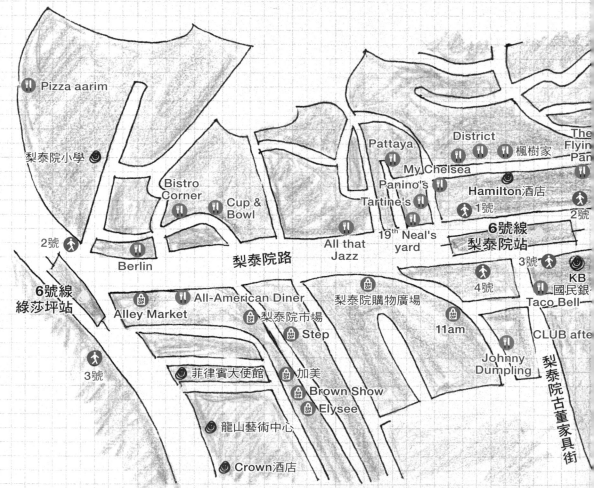

" 異鄉人在韓國的另一個家鄉 "

比利時大使館

梨泰院的
萬國旗

巴基斯坦
大使館

IP Boutique酒店

MMMG

梨泰院路

Between

The Flying
Pan

Sortino's

院119
中心

伊斯蘭教
首爾聖院

Hive

Delicious 嘗美食

別在梨泰院找韓食。
在這裡，嘗一口異國美味吧！

對旅居韓國的外國人來說，梨泰院就是一個能找到一點家鄉感覺的地方。比起其他區域，這裡能找到正宗異國味道的機率也較高。畢竟那些餐廳的客人當中，有不少是吃著這味道長大的專家啊！

Ruby Edwards Tartine Bakery & Café

타르틴

地址 서울 용산구 이태원동 119-15
電話 02-3785-3400

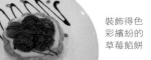

裝飾得色彩繽紛的草莓餡餅

難以抗拒櫥窗內的美味派點

　　店家雖然隱身於一條小巷內，但星期天的中午，外面的位置總是坐無虛席，為的是那豐富的Brunch(早午餐)。由38,500韓幣的Nigel Fullerton Breakfast到8,800韓幣的Cheap Bastard's Breakfast供人選擇，不過在點餐的時候要開口說出「請給我一個Cheap Bastard's Breakfast(他X的混蛋早餐)」還是要越過一點心理關口。Brunch的供應時間是週四～日，上午9點到12點半。遲了過去不要緊，其實他們最有名的是各式各樣的派，其中香蕉派、檸檬派等更只限星期六、日才供應。只要經過Tartine，就無法抗拒櫥窗內色彩繽紛的派，所以，直接推門進去吧：「請給我那一直跟我揮手的蘋果派！」

美味的餡餅

Panino's

地址 서울 용산구 이태원동 119-28 지하1층　**電話** 02-794-0034
網址 blog.naver.com/paninos

也來一杯義式冰淇淋做飯後甜點吧！

全天然原料做的義式手工冰淇淋

　　從名字就知道Panino's賣的就是帕尼尼(Panini)和義大利手工冰淇淋(Gelato)，牆上貼著的食物照片絕對是吸引顧客的最好方法，我就是因為這樣走進Panino's的。這裡的帕尼尼分量較大，女孩子適合跟朋友或情人分享。當然，最後要配上全天然原料做的冰淇淋，才算是完成了在Panino's的任務！

My Chelsea　마이첼시

地址 서울 용산구 이태원동 116-7 1층
電話 02-749-1373

配酸黃瓜的義大利麵，其實用酸黃瓜來解膩也不錯喔

韓劇吃法，義大利麵配酸黃瓜？

　　因為看了韓劇Pasta的緣故，知道韓國人吃義大利麵一定要有酸黃瓜，就好像代替了泡菜的角色，用來解除奶油的油膩，但某程度上這只是韓國式的做法。所以，實在不敢說My Chelsea做的是正宗的義大利麵。不過，管他正宗不正宗的，奶油很濃稠，蒜味很重，膩了吃口酸黃瓜也不錯！

　　除了My Chelsea外，「My」系列在同區還有「My Thaichina」、「My Thai」、「My Noodle」等，絕對是梨泰院裡營造多元化異國美食的重要一員！

Coffee 咖啡館

梨泰院的咖啡館，
依稀有種遙遠異地的情懷

Notting hill、布拉格、法國情懷的咖啡店，在梨泰院相遇。每個
小巷大街的轉角，每個小巷大街的轉角，蹦出來的咖啡店，都令人
暫時有種我不是在韓國，而是身在某處異地的模糊感。

Cup & Bowl 컵앤볼

地址 서울 용산구 이태원동 56-17
電話 070-4190-3642

讓人換個心情的小咖啡店

　　最初踏進這間小小的咖啡店，絕對是因為外面的
「梨泰院最佳咖啡」的掛牌。推門進去迎上我的是店員
美東(Midong)親切的笑容。本來心情鬱悶的我，因為找
到了一本關於香港藝術的書，和跟我微笑的湯匙，想家
的心情一掃而空。

　　美東是這家咖啡店的伙伴之一，本來是美術學生的
她，為了開設一家像小展覽館的溫暖咖啡店，放棄了原
本的工作，每天在Cup & Bowl打理店鋪，和客人們快
樂地互動，還會經常跟本地的藝術家合作，在小店內舉
行畫展。

　　這裡夏季有賣傳統的紅豆冰，冬天有熱湯和粥，還有
長期供應的優質咖啡和胡蘿蔔蛋糕。在Cup & Bowl找
美東聊天，也許能得到一點點關於夢想實現的啟發。

01

02

01 陽光燦爛的下
午，喝一杯帶
笑臉的咖啡
02 店內經常有小
展覽，每次造
訪都能給人
驚喜

在CUP&BOWL一直走上斜坡，會看到遠處的南山首爾塔啊～♡

won

19st NEAL'S YARD　닐스야드

地址 서울 용산구 이태원동 119-19 2층
電話 02-794-7278

屹立不搖的甜點專賣店

在梨泰院大街，偶然抬頭，發現了這家位於2樓的咖啡店。爬上樓梯，映入眼簾的是一片紅磚牆，和牆上的壁畫，像來到了懷舊的歐洲咖啡店。溫暖的街燈和暖氣，跟外面冷颼颼的空氣形成強烈的對比。

從2008年到現在，19st Neal's Yard在梨泰院一直屹立不搖，除了咖啡，還有另一個生存祕技，就是美味的甜點。餅乾、格子餅、蛋塔、鬆餅到蛋糕都有供應，所以名片上印著的不是「19st Neal's yard coffee」，而是「Dessert specialty store」(甜點專門店)。

來歇息喝咖啡之餘，也不妨試試他們引以為傲的甜點啊！

擁有風格的服裝店，賣的不只是衣服，而是一種生活態度

在梨泰院，可以找到像香港重慶大廈裡的舊式量身訂做西裝店，而亂中有序的梨泰院市場，是泰國恰圖恰市場的小翻版。精緻的飾物店，率性的皮革店，賣仿古董的古董店，還有時尚的韓流服裝店。梨泰院，就是這樣一個混和著不同國家、不同風格的區域，散發著與其他地方不一樣的氛圍。

Brownshow　보라운쇼

地址 서울 용산구 이태원동 34-93　**電話** 070-4204-8607
網址 www.brownshow.co.kr

美式繽紛懷舊風的服飾

　　喜歡美國的嬉皮風格，自然會被門外的陳列所吸引。門外掛滿了一套套搭配得恰到好處的懷舊衣飾，既是美式嬉皮風也融合了韓流，可愛之餘更有個性。

　　沒辦法接受二手衣鞋的人，也可以轉投皮包、飾物的懷抱，用舊鈕扣做成的耳環、胸針，實在令人難以抗拒。在平凡的衣服上為自己加點不平凡，就從小飾物開始吧！

Step　스텝

地址 서울 용산구 이태원동 59-3
電話 02-790-1227

能滿足不同Style女生的個性服飾

　　櫥窗外的優雅水晶燈，白色外牆掛著歐洲式的掛牌，Step就像歐洲街頭的小店。我判斷一家服飾店的好壞基準，就是他們的櫥窗和服裝配搭。而Step，一定屬於高分的類別。喜歡用復古花紋來混搭的人，必定能在Step找到心頭好。不然，還是有很多素色的衣服可選擇。不過，有時做一些與平常不同的搭配也不錯。要不要試一條花俏的圍巾？

Brown Show

Step

Step

11am

地址 서울 용산구 이태원동 72-32
網址 www.11am.co.kr

網上人氣衣飾品牌off line shop

11am的位置在地下室，所以要走下樓梯，才到達寬敞的內部空間。

別以為這代表11am是沒人氣才被迫搬到地下室，其實11am在韓國算是蠻有名的韓國本土設計服裝店，設計帶有法國情懷，網頁也製作得很出色，還可以進行網上購物，或在網上先Eye Shopping一下也可以。

Freitag的包包

MMMG

地址 서울 용산구 이태원동 683-142
電話 02-549-1520

韓國本土設計旗艦店

在接近各大使館的區域，會看到猶如百老匯式的招牌。MMMG是「Millimeter Milligram」的縮寫，主要賣的是韓國設計的產品。這間在梨泰院的分店，還兼營咖啡店和家具店，總辦公室也在這裡。在街頭不時見到時尚人拿著的手挽包「Freitag」，原來就是MMMG代理的品牌。

MMMG賣的產品大都是用再做物料做成的產品，最常見的包包和筆記本配上了可愛或有意義的句子，以及鮮艷的配色，讓人無法抗拒。今天，我又來帶走一本小筆記本了。

二村洞

이촌동

二村洞，也許不是一個熱門的景點。但對於居韓的
日本人來說，二村是他們的韓國小東京。
壽司店、烏龍麵店、日式炸豬排店、麵包店……鄉
愁，還是用味蕾來舒緩最有效！

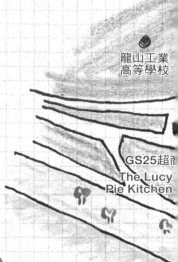

龍山工業
高等學校

GS25超商
The Lucy
Pie Kitchen

66 日本人的第二個家、韓國小東京 99

二村洞的居酒屋之夜

國立中央博物館

1號
5號
4號線
二村站
4號
2號
3號
3-1號
二村警局
龍江中學
龍山家庭公園
二村洞
居民中心
Kamone
新龍山小學
Paris Croissant
Café Moss
Azabu Café
三谷屋
韓亞銀行
韓亞銀行
Café C.
Mono Mart

地鐵出口
美食、咖啡
購物
景點、地標
地鐵站

二村漢江公園

漢江

二村洞的居酒屋，才是最具有日本代表性的地方

晚上，二村洞的居酒屋坐滿了來喝兩杯的客人，把白天的壓力趁機發洩。日本人和韓國人，都是愛好杯中物的民族，在居酒屋內，吃著剛烤好的串燒，一口燒酒，身處韓日語交雜喧鬧的中間，正是二村洞居酒屋的吸引力所在。

在二村洞，日本的事物比韓國的還要多

Delicious 嘗美食

二村洞裡好吃的日式料理

壽司店、專賣日本雜貨食品的攤販、超市、炸豬排店、居酒屋……
日本人,在二村建立起日本以外的第二個家鄉。

三谷屋　미타니야

地址 서울 용산구 이촌동 301-75 (삼익상가 지하 2호)
電話 02-797-4060

隱身於老舊商場的炸豬排蓋飯

　　三谷屋隱身於舊式地下商場內,在地面經過那窄狹的門口,完全不會想到這裡藏著一家日本餐廳。雖然三谷屋的裝修很簡陋,但每晚都坐無虛席,而且光顧的日本客比例很高,証明這家是頗有人氣的日式餐廳。

　　三谷屋的老闆是一名日本廚師,在這裡打工的都是在韓的日本留學生,所以食物的口感絕對保證是日本味。這裡供應不同款式的日本菜,生魚片、壽司、甜不辣蓋飯、串燒外,三谷屋的招牌菜是炸豬排蓋飯和生魚片蓋飯,要是只能選一款的話,就試試他們的咖哩炸豬排蓋飯吧!

Kamome　카모메

地址 서울 용산구 이촌동 301-27　**電話** 02-792-3878
網址 www.thekamome.com

爆餡又便宜的可口飯糰

　　喜歡飯糰的人,一定會被Kamome的飯糰分量及外觀吸引。比平常的飯糰飽滿,而且餡料特多,要是還不夠,還可以叫一碗熱騰騰的烏龍麵。這樣的一個美味超值的飯糰,最貴的才不過2,500韓幣。雖然Kamome在其他地方也有分店,不過想吃飯糰的時候,還是會第一時間先想起二村洞的Kamome!

01,02 三谷屋的菜單上還有很多不同的選擇喔!極新鮮味美的大蝦甜不辣,配上熱騰騰的白飯,喔伊細~
03 Kamome的飯糰分量很大,餡料也很多,吃一個已很飽足了

The Lucy Pie Kitchen   더루시파이키친

地址 서울 용산구 이촌동 302-68
電話 02-790-7779

美味得令人尖叫的派

　　離開地鐵站一段路程的The Lucy Pie Kitchen，若沒有地圖的指示，很容易就會陷入「我是不是走錯了路」的懷疑中。

　　走過一段林蔭大道，便會看到這家小小的粉紅色甜點屋。日本遊學回韓的店主，在二村洞開了這間可愛的甜點屋。以為它這麼偏僻，客人會較少，但其實不然，因為這裡的名氣頗高。小小的店內坐滿了客人外，還不時有人進來外帶一大盒的派回家。而最具人氣的甜點，一定是韓國雜誌都有報導過的Scream Pie了。餅底是Oreo餅乾，中間夾著巧克力布丁和鮮奶油，上層再鋪滿碎巧克力，為什麼叫「Scream Pie」，只要嘗一口就知道。

01 美味得令人大叫的Scream Pie
02 除了派，還可以選擇可口的蛋糕或餅乾
03 店內掛滿法國情懷的黑白照片

172

Café moss　카페모스

地址 서울 용산구 이촌1동 300-153
電話 02-798-0808

日本空運而來的日式麻糬

在Café Moss的小角落，陳列著一個個色彩繽紛的日式麻糬。由日本空運到韓國的麻糬，在稍稍解凍後放進嘴裡，比冰凍的時候更好吃。這裡提供的麻糬有十多種味道，跟這裡的咖啡很對味。不過麻糬沒有外帶，只供店內食用，這樣才不會令麻糬的口感變質！

Azabu Café

地址 서울 용산구 이촌동 300-26　電話 02-792-6821
網址 azabu.co.kr

用傳統日本製法做的鯛魚燒

在街頭經常見到的鯛魚燒，變成了Azabu Café的招牌食品。

用傳統的日本製法，加上每天8小時手工製作的紅豆餡料，是必嘗之一，但其他新式的如奶油起司藍莓餡料，跟鯛魚燒也很相襯。而且每個都是現點現做。即使要等7分鐘以上，但咬一口剛做好的鯛魚燒，所謂的簡單就是幸福，大概就是這樣的感覺了。

Azabu的紙袋

清淡蕎麥麵手打烏龍屋　소바야

地址 서울 용산구 이촌동 301-160 현대APT11동상가 105호
電話 02-797-4060

放下拉麵，來一碗手工日式烏龍麵

清淡的冷蕎麥麵

소바야

天氣轉冷，不想吃冷冰冰的日式壽司、生魚片，想吃一碗令人暖和的熱湯。清淡手打烏龍專門店外手繪的那碗升起白煙的砂鍋烏龍麵，令人有想衝進店裡趕緊吃一口取暖的感覺。好喜歡手打烏龍麵的質感，跟在日本吃到的沒有兩樣，除了手打烏龍麵，這裡也供應餃子和懷舊炸豬排飯，還有蕎麥麵。

雖然店名叫「清淡」，但味道絕不清淡啊！

173

品味首爾的 Part 5
設計和藝術香氣

在首爾，處處是設計、藝術的足跡。

不論是政府發起的政策，還是洞內的居民／私人自發的項目，

都能夠感受大眾對藝術和設計的重視。

就因為這一點，我更愛韓國了。

Heyri藝術村

헤이리예술마을

最初，Heyri本是設計成一個屬於書的村落。但在計畫進行的過程中，隨著越來越多藝術家、作家、製作人等的加入，最後擴展成現在的「Heyri藝術村」。現在的Heyri藝術村，博物館、咖啡店、音樂廳、展示館等散落在大大小小設計新穎時尚的建築物內，而且還在持續興建中。每幢建築物都有它的特色，就像一件件大型藝術品一樣，在我看來，也許是天空之城效應作祟，我覺得它們更像一座座備用中的機械人！要到Heyri，最好預留一天的時間，才能夠走完整個村子。如果時間許可，再到旁邊的英語村參觀那些歐式建築物，只需花一天時間就能遊走歐韓風情。

" 與現實中的天空之城相遇 "

Heyri藝術村內的特色建築，絕不高於3樓，與大自然互相融合

草莓妹主題館
郊外旅行
草莓妹主題館

韓國近現代史博物館

4號

Café Farm
Tables (Art

3號

Art Serv
(아트 서비

2號

G

1號

진Art

UV Hou

마샬
Art Gallery

K

地址 경기 파주시 탄현면 법흥리 1652
電話 031-946-8551 網址 www.heyri.net
提醒 各場館的開放時間和休息日有別，最好
出發前先瀏覽Heyri網站

原版地圖可於
www.heyri.net下載

Heyri藝術村怎樣去？

1 2號或6號線合井站2號出口出地面後，往前走約10公尺的巴士站搭乘2200號巴士(40分鐘左右，2,000韓幣)。
雖然200號巴士(1,550韓幣)也能到達Heyri藝術村，但停靠的站太多，需要1小時30分鐘，浪費時間之餘也沒有很便宜，還坐得頭暈轉向，建議乘2200號會比較好。

2 車上會有下車廣播及螢幕顯示下一個目的地，而且Heyri藝術村的站名會用英語廣播，所以不用擔心不知何時下車喔！

圖例：
- 藝術村入口
- 美食、咖啡
- 購物
- 景點、地標
- **地鐵站**

地圖標示：

6號　Gallery I am　7號

THE TEP
兒童玩具博物館
趣味回憶博物館
월리엄 書籍博物館
Gallery 소소
노을동산
夢想盒子　회원Gallery
Café with Books
논밭藝術學校
世界民俗樂器博物館
최향신 Studio
8號
K-Space
곰산Gallery
Book House
화이트블럭 Gallery
코리다 Studio
공간퍼플
SHWIM
Homeo
한소Gallery
洗手間
Trolley
마고 Studio
9號
N Square
반이 Book Café
Tommy's Studio
세자매 House
일심(일심)
Quilt Café
백농Studio
有書的家 (책있은 집)
빈우당
M&J Little Box
English Village 英語村
오허광물博物館
I.D. Studio

177

Coffee 咖啡館

書迷、咖啡痴，來Heyri藝術村集合！

坡州是出版城市，所以Heyri藝術村的最初概念，是要跟坡州出版團體連結在一起，打造一個書香世界。即使現在的Heyri改變了發展方向，但文化這回事，永遠有文字的份兒。所以在Heyri藝術村，大概有30多家書店出售不同類型的藝術書籍，藏書牆往往有2～3個人高，非常壯觀，可說是另類風景。

韓國近現代史博物館　　한국근현대사박물관

地址 경기 파주시 탄현면 법흥리 1652-10　　**電話** 031-957-1125
網址 www.kmhm.or.kr　**開放時間** 09:30～18:00，週一休息
入場費 外國人及成人6,000韓幣，學生4,000韓幣，小孩 2,500韓幣

重現韓國近代文化

　　不知道什麼原因我對韓國的歷史充滿興趣，總想知道他們的生活和我們有什麼分別？但也不是好奇那種書本上的歷史，而是究竟60～70年代的韓國人，平常玩的玩意是什麼？吃的東西、小零嘴跟我們爸媽小時候的一樣嗎？在韓國近現代史博物館，所有問題都可得到答案！館內還有模擬場景，重現當時韓國人的生活。對韓國近代史好奇的人，絕對能在此滿足好奇心！

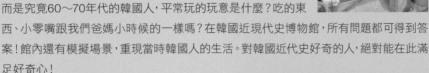

夢想盒子　　꿈꾸는 상자 Book Café

地址 경기 파주시 탄현면 법흥리 1652-92
電話 031-949-9056

充滿愛和幸福感的咖啡小窩

　　夢想盒子是由一對親切的中年夫婦經營的可愛咖啡店，建築物外形就如其名，像一個盒子。當陽光透進大窗戶，照射在閱讀中的店主和正在午睡的小狗上，那畫面就是我將來的夢想：擁有一家像「夢想盒子」一樣的溫暖咖啡店。

　　3層的店家，1樓有店主人的陶藝手作，2、3樓則是咖啡空間。走上2樓第一眼看到的一定是那比兩個我還要高的書櫃，選擇之多令我眼花撩亂。也許因為大部分客人都是一邊看書一邊喝咖啡的關係，咖啡店的空氣好像凝結了，只剩下翻閱書頁的聲音。

　　離開前，記得跟一直都睡不夠的小狗説聲再見喔！

01

02

01 午後陽光灑遍店內，感覺溫暖幸福
02 1樓是店主夫婦的地盤，也是小狗狗的安樂窩，看牠一副還未睡飽的樣子，實在太可愛了
03 店主人的手作陶藝

03

郊外旅行　소품여행 Gallery & Café

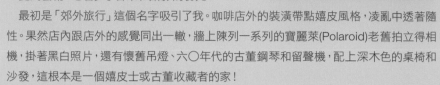

地址 경기 파주시 탄현면 법흥리 1652-34
電話 031-942-2194

音樂、攝影、嬉皮風格咖啡館

提到藝術，怎會少了音樂和攝影的份兒？

最初是「郊外旅行」這個名字吸引了我。咖啡店外的裝潢帶點嬉皮風格，凌亂中透著隨性。果然店內跟店外的感覺同出一轍，牆上陳列一系列的寶麗萊(Polaroid)老舊拍立得相機，掛著黑白照片，還有懷舊吊燈、六〇年代的古董鋼琴和留聲機，配上深木色的桌椅和沙發，這根本是一個嬉皮士或古董收藏者的家！

店中心還有一棵許願樹，讓客人寫下願望或留言。而我的願望，是希望再來到「郊外旅行」，來一趟時空交錯之旅！

Café Farmer's Table Burger & Pizza

퍼머스테이블 버거앤피자

地址 경기 파주시 탄현면 법흥리 1652-143
電話 031-948-0195

彷彿來到北歐的森林木屋

在Heyri藝術村，共有兩家「農夫餐桌」(Farmer's Table)，其實兩者提供的食物差不多，但這家Café Farmer's Table就便宜多了。另一家比較高級的農夫餐桌，是韓劇《花樣男子》的拍攝地點。如果想要吃氣氛的話可以到高級版，簡單路線的則可到這間Café Farmer's Table。不過，我還是喜歡Café Farmer's Table舒適隨性的裝潢。紅磚牆砌成的走廊，走進去是一列列書架；餐廳內部的時尚、空間感十足，即使坐滿了客人，仍然感覺寬敞安靜。

至於食物，店內的Pizza用磚窯現烤，帶著點焦味，非常有義大利傳統的Pizza美味，再配上烤地瓜、甜辣醬，大概就能填飽兩個人的胃！

除了Pizza之外，漢堡也是此地的得意之作，也可以把它納入選擇之列喔！

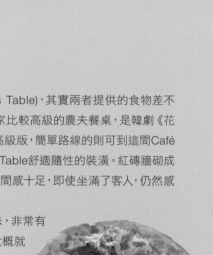

01 新鮮現烤的Pizza，搭配青嫩羅勒葉，還有鮮番茄做的甜辣醬配烤地瓜，整個組合就是清新美味

02 懷舊味濃的郊外旅行

03 每件舊玩意、老古董都有他們的故事，誰曾經擁有過，最後又來到咖啡店，物品本身也曾經歷了一場小旅行

04 Cafe Farmer's Table裡原木配紅磚頭，加上磚窯的火光，就像走進歐洲鄉村小屋一樣

05 經過Cafe Farmer's Table長走廊後的餐廳，因為放置了書櫃和掛畫，品味中又帶點文化感

01

02 03

04 05

Book House　북하우스

地址 경기 파주시 탄현면 법흥리 1652　**電話** 031-949-9305
網址 heyribookhouse.co.kr

讓人放鬆喘息的人文空間

　　Heyri藝術村內最有代表性的書店+咖啡店，一定非Book House莫屬。

　　走進這裡就像走進書籍博物館。裡面的空間分為3部分：地下1樓是Hangil書籍博物館，1樓是書店(Store Book House)和Book Café Fiesta，至於2～4樓仍是書店的樓層，分門別類地陳列不同類型的書籍。

　　而書籍的種類，主要圍繞在人文和藝術的範疇，喜歡這類書籍的人一定會一頭栽進書堆中，忘記時間的流逝。站得累了，就到旁邊充滿藝術氛圍的Book Café Fiesta，在巨型的書櫃挑幾本心儀的書，坐下來休息一下，這正是Book House的理念──為都市人提供一個維持人文和藝術的休息空間。

Gallery I am　갤러리아이엠

地址 경기 파주시 탄현면 헤이리예술마을 작가동 115호
電話 010-6561-9741
網址 www.iamgallery.co.kr

每次都帶給人驚喜的藝廊

　Heyri藝術村內共有超過100家藝術店、畫廊，要全部走完的確
要付上大量的體力和時間代價。在我到過的畫廊中，我最喜歡的是小小
的Gallery I am。一邊是展示場地，一邊則是販賣可愛手作小物的店家。每次來訪，都發
現小店又改頭換面，換上新展覽、新櫥窗，總是讓人充滿新鮮感和期待。

　店內的展品都是韓國年輕插畫家的作品，有可愛的、個性的、用電腦畫的、手繪
的……所有作品旁邊都附上插畫家的名片，靜靜地等待他們的伯樂。就算不是他們的伯
樂，也可買下他們所畫的插圖商品，一分支持就是一分鼓勵！

坡州英語村

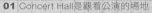

파주영어마을

「Only English，No Korean！」是這裡的口號

坡州英語村為了營造一個全英語的環境，即使到咖啡店買一杯咖啡，也要用英語點餐。在英語村內，所有店家都要用英語對答，加上村內的仿歐洲建築物，和大量在這裡教授英語的外國人，置身其中真的有種「我到了歐洲」的感覺。遊客也許就是為了這種瞬間穿梭歐韓的超現實感，才來到英語村吧？

坡州英語村，怎樣去？

1 遊畢Heyri藝術村，從9號門出去後過馬路到對面，然後向右邊直走約10～15分鐘，直至看到仿英國巨石陣，就是坡州英語村的正門1號入口。

2 買票後會得到一本護照，入口設計得像機場入境處一樣，穿過閘門就到達坡州英語村的仿歐洲建築群

01

02

03

地址 경기 파주시 탄현면 법흥리 1779
電話 1558-0554
網址 www.english-village.or.kr
時間 09:30～18:00，18:00～22:00(免費入場)，週一休息
入場費 一般入場3,000韓幣，公演門票+入場通票7,000韓幣，若於進場後才購買公演門票，追加5,000韓幣

01 Concert Hall是觀看公演的場地
02 店家除了外觀是歐式建築外，說話也只能用外語，但我也見過店主和客人無法溝通，最後還是講韓語的情況，邊滿尷尬的
03 英語村的建築物讓我想起德國的小屋

還有小火車在英語村內環遊，
讓這個「歐洲之旅」更真實

185

駱山公園 낙산공원

梨花洞壁畫村

設計藝術

2006年對於梨花洞來說，是很重要的一年，因為韓國「公共美術促進委員會」推動了城市藝術計畫，集合了70名畫家和學生參與駱山專案，將本來已被遺忘的梨花洞，變成美麗的壁畫村。一朵朵菊花在梯間綻放；小狗在牆上蹦出來偷望路人；機械人揮手向遊客說：「你好！」

現在的梨花洞，不單只是外貌的改變，漂亮的壁畫吸引世界各地的遊客，令此區也隨之熱鬧起來。從居民親切的笑容可以看到，這種轉變帶給他們的比外觀更美麗。不過，作為一個負責任的旅者，參觀時記得要把音量放低，不要打擾到居民喔！

" 城市中的露天畫廊～花兒在階梯綻放 "

附近順遊

P48

惠化站大學路

惠化站2號出口出來後，直走約5分鐘，經過馬羅尼矣公園轉左，看到鎖頭博物館，就是駱山公園的路線開始，而2號出口一帶就是大學路的文化中心地帶，也是年輕人的聚集地！

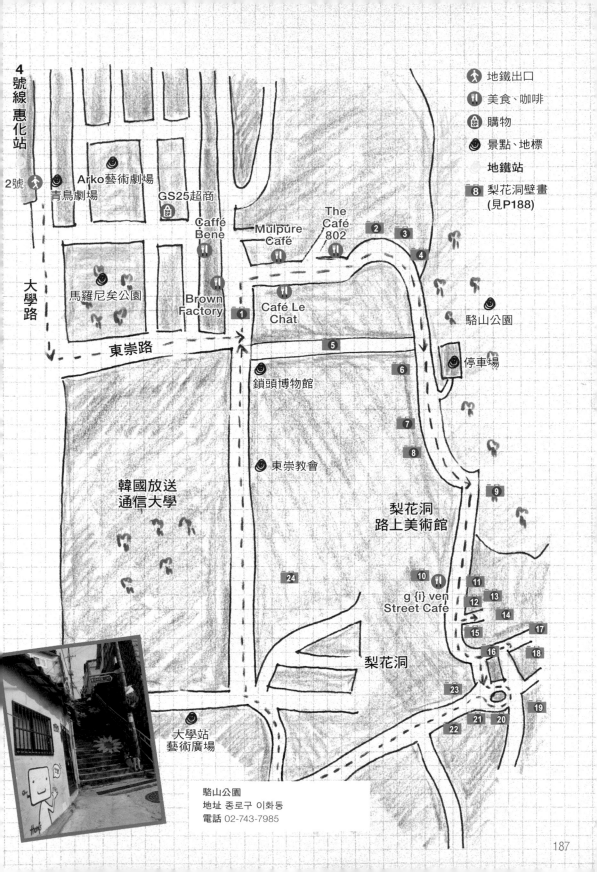

4號線 惠化站

2號

青鳥劇場
Arko藝術劇場
GS25超商
Caffé Bene
Mulpure Café
The Café 802

大學路

馬羅尼矣公園

Brown Factory
Café Le Chat

東崇路

鎖頭博物館

韓國放送
通信大學

東崇教會

駱山公園

停車場

梨花洞
路上美術館

g {i} ven
Street Cafe

梨花洞

大學站
藝術廣場

1
2 3 4
5
6
7
8
9
10 11
12 13
14
15 17
16 18
23 19
21 20
22
24

地鐵出口
美食、咖啡
購物
景點、地標

地鐵站
8 梨花洞壁畫
(見P188)

駱山公園
地址 종로구 이화동
電話 02-743-7985

Fun Point 遊樂趣

壁畫尋訪路線

The cafe 8 oz

爬坡前，喝杯咖啡喚醒神經吧！

雖然駱山公園面積不算大，但一直上坡下坡，夏天的時候會令人汗流夾背，冬天的時候則被冷風吹得手腳冰冷。所以出發前來個小小的咖啡空檔，預先對自己的身體好一點吧！

The Café 8oz　더카페8온스

地址 서울 종로구 동숭동 129-133　電話 02-3674-7777

勞動雙腳前的咖啡補給站

　　遊客在走上壁畫村前，都必定在The Café 8oz
前駐足，為放在門外的貓咪拍照。我也是因為它
們，走進了這家可愛咖啡店。

一杯咖啡、
美味的吐司，就是
一天的好開始

　　中午的陽光令咖啡店看起來明亮開朗，牆上的一雙天使翅膀令人眼前一亮。除了繪
畫，牆上還貼滿照片，不同類別的相機和書本充斥在這個略大的咖啡店，營造了品味文
化的空間。而且The Café 8oz的咖啡和點心比外面的便宜一點，還非常美味，最適合在
消耗體力之前作一些儲備！

Mulpure Café　물푸레

地址 서울 종로구 동숭동 129-248　電話 02-741-0282

兼賣縫紉手作的可愛咖啡店

　　除了貓咪，另一個在梨花洞壁畫村前歡迎過路人
的，還有Mulpure Café的小人偶。小女孩人偶在店外咧
嘴而笑，帶人走進這裡的縫紉手作世界。

　　小小的店內在咖啡桌椅的另一側牆上，展列了一系
列店主手製的縫紉小物，筆記本、電話套、髮飾等等，
當然少不了可愛的娃娃布偶！想不到本打算只喝杯咖
啡的我，最後還帶走了一只手縫小貓咪。

大概有90%以上的人
都會在Café 8oz那雙
翅膀前拍照吧！

南怡島

設計藝術

남이섬

因為南怡將軍墓，這個小島有了「南怡島」這個名字。

因為守齋閔炳燾先生的親手栽培，南怡島長出了數千株樹木。

因為一齣韓劇「冬季戀歌」，令南怡島成為國際的旅遊勝地。

而我，則是因為南怡島上人文和自然的融合所產生的藝術創意，而愛上這個小島。與城市一河之隔的南怡島，就像一個讓人暫時逃離現實的烏托邦。

南怡島，怎樣去？

STEP 1

想辦法先抵達加平碼頭

方法1 搭青春列車
地鐵1號線龍山站或清涼里站轉乘ITX青春列車到加平站。ITX青春列車的車速僅次於KTX，可以更快捷及舒適地到達加平站，車程大概64分鐘左右，中途停站不多，而且全指定席，一直坐到加平站去。

教你搭乘青春列車

搭地鐵到龍山站後到1樓，不用出閘外，已看到閘內有售賣ITX青春列車的自動售票機。

購買青春列車票卡。在售票機選擇語言(ENGLISH)，再選擇要到達的站名，「Gapyeong」(加平)。

選擇人數。

確認資料正確，再選擇付款方法。

在龍山站有指示牌寫著「ITX青春列車」月台號碼，跟著指示到月台候車便可。

到達加平站後，可轉乘計程車到加平碼頭，車程只需10分鐘，車資約2,400韓幣左右。

" 充滿想像力的藝術共和國 "

南怡島的地上常
見用自然素材堆
成的心型圖案

地址 강원 춘천시 남산면 방
하리 198
電話 031-580-8114
網址 www.namisum.com
時間 08:00～09:00
票價 普通10,000韓幣，外國
人8,000韓幣，優待票4,000
韓幣(36個月以上至小學生)。
於以下時間入場，也可享有
優待票價格：冬季12～3月
18:00，夏季4～11月19:10。未
滿3歲的幼兒免費
提醒 門票費用已包括往返船
費及稅項

方法2 仁寺洞與蠶室有直達車
可於仁寺洞和蠶室搭乘每日發車的直達班車到加平碼頭，車程1～1.5小時。

票價 成人來回15,000韓幣/單程 7,500韓幣
兒童來回13,000韓幣/單程 6,500韓幣(24個月至12歲)
時間 仁寺洞出發為09:30(上車地點：塔谷公園旁旅遊汽車停車場)
蠶室出發為09:30(上車地點：蠶室地鐵站4號出口方向往前走50公尺到Lotte Mart前面)
返程於南怡島出發為16:00(上車地點：售票處前的停車場，車程1.5～2小時)
提醒 搭車皆需網上預約
網址 namihotel.com/html/bus_sub2.php

STEP 2

搭船前往南怡島

往返南怡島的船舶運行時間
07:30～09:00(加平碼頭出發，間隔30分鐘)
09:00～18:00(間隔約10～20分鐘)
18:00～21:45(南怡碼頭出發，間隔30分鐘)

南怡島，現實中的童話世界

「將童話世界建於南怡島。」這是2006年3月1日南怡共和國的獨立宣言中其中一段小節。南怡島除了四季不同的自然美景，還充滿著濃厚的藝術氛圍。島上的藝術品皆取自大自然的一草一木，絕不破壞原本的生態環境。野兔、松鼠在叢林間穿梭，與人和平共處。不僅如此，南怡共和國的居民，更把環保概念、傳統文化和藝術創意跟大自然融合。遊人在島上漫遊，不只呼吸到一口無污染的空氣，還能放下沉重的負能量，回歸原始的心。

01

環保 X 藝術

2003年，南怡島面臨嚴重的垃圾堆積問題。最後使用了最完美的辦法去處理垃圾：廢物利用！現在，南怡島上的垃圾都會經過環境中心分門別類，玻璃會重新變成玻璃工藝品，廢木材會變成木製手工藝。看到普通人都視之為垃圾的物品重新變成大眾欣賞的藝術品，當中的意義除了環保，好像也帶來了一些人生的啟發。

01 用玻璃瓶做成的藝術裝置　　　　04 用玻璃瓶裝飾的洗手間外牆
02 用玻璃瓶砌成的聖誕樹　　　　　05 用廢木做成的塗鴉版
03 用汽水罐壓成磚頭後，砌成充滿頹廢感的「銅牆鐵壁」　　06 用瓦片鋪成的小路

浪漫X童真

在南怡島散步的戀人們，好像看起來都特別幸福滿滿。沒有戀人在旁的大人們，則流露出也許已遺忘多時的天真笑容。南怡島，就是有這種魔力，用愛把人的心溶化。

01 雪人是韓劇「冬季戀歌」的小角色，在南怡島上處處見到可愛的雪人以不同的形態出現
02 小兔兔因為偷吃花，所以被綁起來受罰了，看到牠，誰不想把它救下來
03 有比在金黃的銀杏樹下拍結婚照更浪漫的事嗎？
04 用石頭或枯葉砌成的心形，經常提醒遊人去愛

01　02　03

大自然X人

沒有半根外露的電線桿、沒有噴出廢氣的汽車、沒有高樓大廈；只有秋天美麗的紅葉、金黃色的銀杏樹、高大的杉木林路、不怕人的松鼠、在島上自由散步的野禽，跟人和諧同處。在南怡島，就像上了一課寶貴的自然教育課。置身原始大自然，內心也變得平和安逸。

01 我想，南怡島最美麗的季節，一定是秋季漫天的紅葉風景
02 山和水，在南怡島近在咫尺
03 小松鼠出沒注意
04 杉木林路又被稱為「情人之林」，跟戀人手牽手漫步其中，感受韓劇式的浪漫

01

每個將軍的朋友都擁有不同的特徵和表情

傳統×人文

南怡島上，有一些地標，也許遊人只拍幾張照片，就去到下一個景點。其實在這些地標背後，有某種意義或小故事，要是遊人有足夠的好奇心，必定會因為這些小故事而更愛這個可愛小島。

泡菜窖子　김치움

　　為了讓現代人和小朋友了解從前的人如何在寒冬保存韓國的國寶：泡菜，南怡島由2005年開始築起了這些原始的草屋，在寒冬裡這些草屋就變成一個天然的「泡菜冰箱」。

　　那泡菜從何而來？來源是每年的「泡菜製作慶典」參加者製作的泡菜。放到大罈內的泡菜會被埋進這些草屋的地下。當然參加者也可以把泡菜帶走，或快遞回家，品嘗自己製作的泡菜之餘，對韓國文化有更深層次的認識。雖然從去年開始，窖子已經沒有再放泡菜，但它們的存在，仍是尊重傳統的一種表徵。

將軍址　장군터

　　2001年冬季結束，百多根用來燒柴取暖的木條就被改變了用途，以「南怡將軍的朋友們」作主題，雕刻成一個個表情豐富的木像，散布在南怡島的每個角落。設計者的原意，是希望這些「將軍的朋友們」，不受歷史的限制，在新時代繼續弘揚浩然正氣。不知道遊人在拍照的同時，有沒有感覺到那股「天地正氣」呢？

私房
番外篇

品味釜山的單純美學

到釜山前，對釜山的印象也許就是——

一望無際的大海、海鮮、BIFF電影節、和釜山人的地道口音。

但原來釜山還匯聚了不同類型的藝術：

精緻的、粗獷的；專業的、隨意的；複雜的、單純的；屬於個人的、與眾同樂的……

釜山的海，帶給釜山人的不單只是風景和資源，

還有藝術靈感和接受不同文化衝擊的廣闊胸襟。

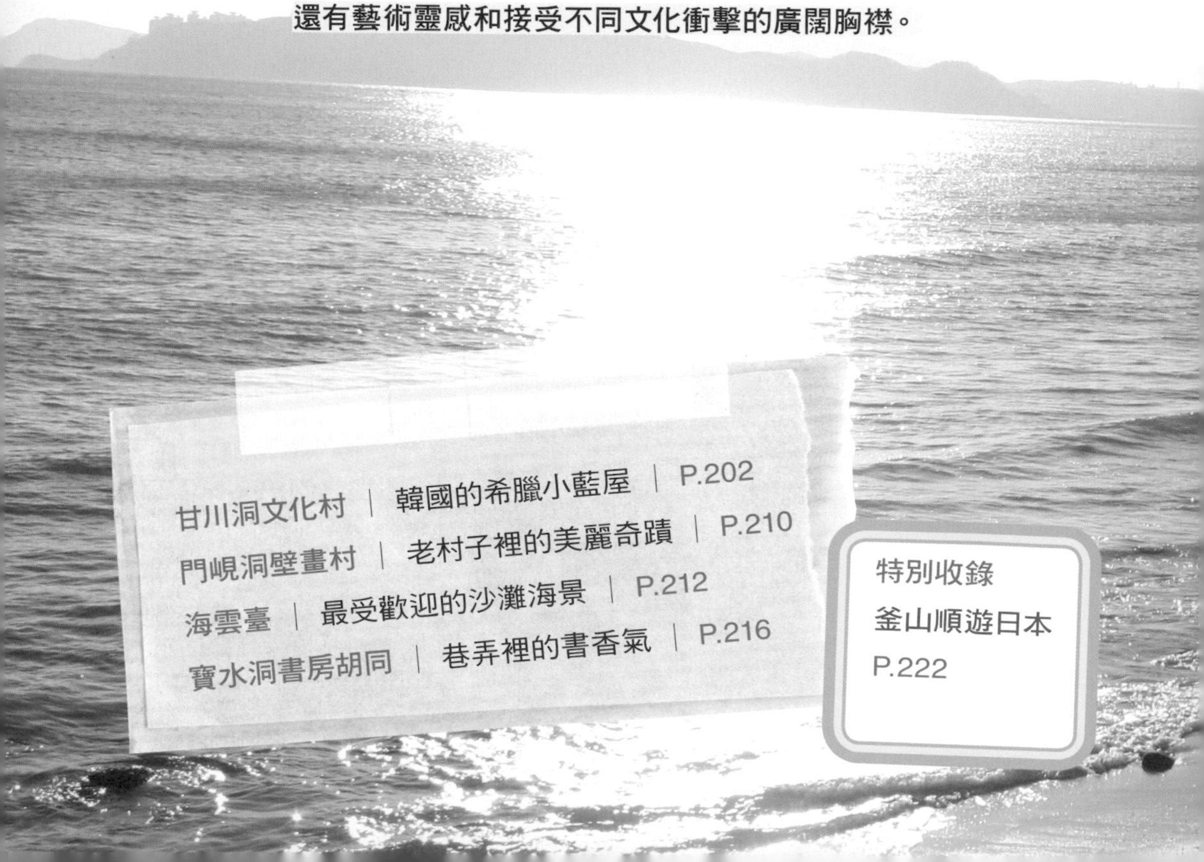

甘川洞文化村

감천문화마을

甘川洞,從前只是一個平凡的小村落,大部分居民在此已住上半世紀。

某日,釜山的藝術團體發起了「洞內藝術工程」,把房屋翻新,變成一所所色彩繽紛,陳列藝術展覽的文化空間。

今天的甘川洞,已經不再是平凡的小村落,一家家漆成彩色的小屋令甘川得到「韓國希臘小藍屋」的美譽。不論是平日或假日,遊客們拿著相機,來到甘川洞文化村,拍下它的美。而在地的居民,還是像從前一樣過生活。對於這一切轉變,從他們談起甘川的時候那喜悅、驕傲的表情,還有他們對遊客那熱情的態度,甘川洞的改變,除了它的外觀,看來,還包括村民的心靈。

有時候看到老婆婆經過,說句「你好」,她就很開心地回應:「哦,來拍照嗎?」就像平常的鄰居一樣。整個村子都散發著一種美好、和平的藝術氛圍,也沒有像一些藝術村變成了另一個販賣場地,這是我對這個美麗的文化村由心所發大愛的原因。

要遊走整個文化村,首先要有充足的時間,然後是有一雙舒適的休閒鞋,還有心理上做好爬坡、上樓梯的準備。

" 韓國的希臘小藍屋 "

甘川洞文化村,怎樣去?

1 地鐵1號線土城站(토성)6號出口到地面

2 右手邊會看到一個建築物,第一個路口右轉

3 順著行車方向往前走100公尺左右,直到看見寫著「마을버스」(鄉村巴士)的站牌。

4 可以到達甘川洞文化村的鄉村巴士有3輛:사하1-1、서구2、서구2-2

5

감천동문화마을 세워 주세요.

全部都可以在「감천동문화마을」(甘川洞文化村)下車。如果擔心不知道在哪裡下車,上車時可以遞給司機這張紙條

6 下車後向巴士行駛的反方向走,會看到「문화마을입구」(文化村入口)的指示牌

地址 부산 사하구 감천동10-13
電話 070-4125-5557
網址 cafe.naver.com/gamcheon

203

放慢腳步，留意轉角驚喜……

在窄巷中的小人兒，和畫著美麗圖案的小魚形木牌，帶人走到下一個目的地；偶然蹦出的走廊展覽，又令人駐足良久；分散在各個小屋內的展覽，讓人忘卻了時間的流逝；屋頂上的360度藍屋和釜山風景，令人屏息靜氣地欣賞它的美。半天下來，腿痠了，氣喘了，但心靈也被洗滌了。

藝術村裡的小屋

01 是人頭鳥身、會飛的人，還是會思考的鳥？我也猜不透
02 看似雜亂，但亂中有序。很愛那種顏色的對比配搭
03 平凡不過的家居衣夾，在這裡也變得與眾不同
04 小箭頭帶人去一所又一所的展覽小屋，讓人不會在這
　 個錯綜複雜的小巷裡迷路
05 名為「永遠」的走廊展覽。藝術家廢物利用，讓這些材
　 料變成畫作繼續留存

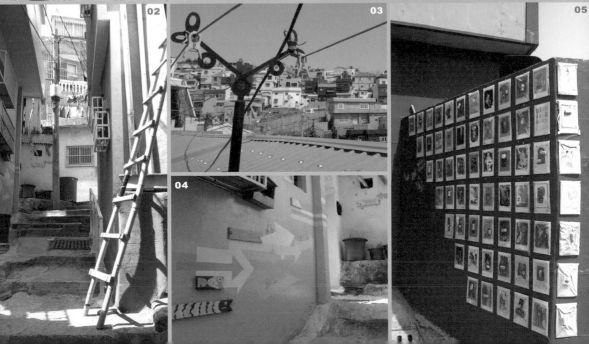

Fun Point 遊樂趣

甘川洞哪裡好玩？

除了欣賞美麗景色，還可以為你的甘川洞之旅增值，
帶一件手作的紀念品回家怎樣？

除了遊客中心，也可以
在Art Shop(아트숍)買
地圖，一邊走一邊蓋章

Haneul maru information center 하늘마루 정보센터

電話 070-4219-5556　電郵 artistclub@naver.com

蓋景點章請先來這裡報到

　　抵達文化村後，先到這裡買一張2,000韓幣的地圖，地圖背面有8個訪問地點，在這8個訪問地點都蓋上紀念章，就可以得到免費明信片！但是買好了地圖，不要急著離開！其實這裡還提供各式手作體驗班，讓甘川藝術之旅來得更全面和豐富。

陶器繪畫體驗 도자기 그림그리기 체험

可選擇繪畫瓷杯或花盆，還可以製作自己喜歡的風鈴，並加上個人的繪畫。需先電話或網上預約喔！

瓷杯：**8,000韓幣**
風鈴/花盆：**10,000韓幣**
手作班時間：**10：00～17：00(週一、三休息)**

自然染料染布體驗 섬유공방 체험수험

用天然的染料，染出自己喜愛的圖案和花紋。提供的材料種類有手帕、圍巾，也可以染製T-shirt或環保袋，想令自己的作品更特別，還可以把自己的T-shirt或環保袋帶來，重新為舊物改頭換面！

手帕：**6,000韓幣**
圍巾：**12,000韓幣**
T-shirt/環保袋：現場購買10,000韓幣，自備二手素材改造5,000韓幣
手作班時間：**10：00～17：00(週一、三休息，週日僅開放給預約者上課)**

206

離開前記得一定要到天台去，看看那個令甘川洞居民引以為傲的大海、釜山市，還有360度絕美風景！

職員用手指指了個大圈，告訴我這裡可以看到海邊、樂天百貨、龍頭山公園。又用手指到另一邊，是整個藝術村的景色。我看著美得令人感動的風景，感受著職員姐姐對這個地方的愛，眼睛竟有點濕潤。她看到了，微笑著留下我一個人慢慢體會。我太幸福了！

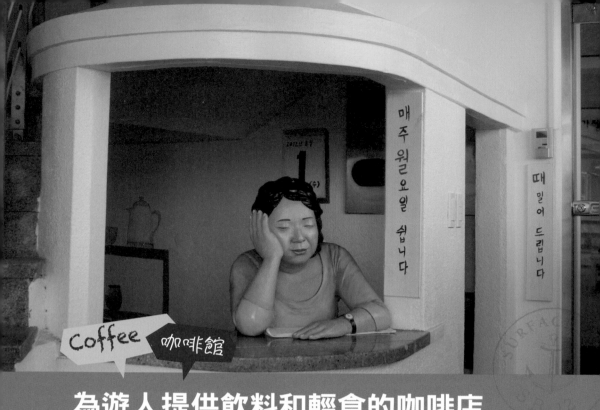

Coffee 咖啡館

為遊人提供飲料和輕食的咖啡店

一直爬坡，一定是很累了，雖然甘川藝術村裡的咖啡店選擇沒有很多，但選一間坐坐，就當是為下一段上坡路預備體力，歇一歇腳吧！

Gamnae Café　감내카페

甘川洞難得的複合式咖啡店

　　隨著遊人逐漸增加，文化藝術村終於有一家能為遊人提供飲料和輕食的咖啡店了！除了咖啡和三明治，還有手作小飾物出售。

Book Café窗外望出去的風景不錯

Book Café　　복 카페

坐下欣賞一下外頭的窗景吧

　　外觀是個可愛的咖啡杯，裡面藏有大量圖書，放慢腳步在窗邊找個位置呆坐一下，從窗外望出去的風景會令人忘記時間。可惜這裡提供的只是即溶咖啡，對咖啡有所要求的人也只能將就將就了。

Community Center　　커뮤니티센터 감내어울터

在韓國澡堂喝咖啡？

　　以為Community Center是一間溫泉吧？還有個打瞌睡的小姐坐在前台，但沒有人能叫醒她——原來Community Center只是重現甘川洞這間澡堂的舊模樣，澡堂內只剩下浴池和一些原有的設施，化身成擺滿藝術品的展覽館。伯伯坐在浴池內一副放鬆舒坦的模樣，令人忍俊不住，但掛在牆上的繪畫又顯得煞有其事，在這樣奇怪的環境下欣賞展覽品，兩種極端藝術的組合絕對是有趣的化學作用！這裡還有咖啡和飲料供應，咖啡由在這裡工作的阿珠媽所做，味道不錯，而且阿珠媽也很健談友善喔！

在澡堂內的展覽！感覺很神奇，不禁從心欣賞設計者的幽默感

門峴洞壁畫村

문현동 벽화마을

釜山人的藝術感，總是讓人出其不意。今天的門峴洞能變成美麗的壁畫村，全靠這裡的居民和志願者一幅一幅地繪畫，令本來面臨拆除危機的老舊胡同，成為一幅幅色彩繽紛的壁畫組成的露天展覽場地。雖然不能以一種專業的藝術眼光來欣賞這些壁畫，但這些構圖簡單卻斑斕的壁畫，能讓人感受到那粗放單純的人情味。這裡沒有太多遊客、沒有任何觀光辦事處、沒有紙本地圖索取、山路非常崎嶇不平，有時甚至要踏在泥地上；但從尋覓壁畫的過程中，碰到的每個居民臉上親切的微笑，或靠自己的趴趴亂走找到的那些美麗繪畫，最後得到的不單只是一張張令人讚嘆的照片，還有只屬於自己的尋寶經歷，和心頭暖暖的滿足感。

門峴洞壁畫村怎樣去？

1 釜山地鐵 1、2號線，西面站7號出口出去

2 出地面後就是巴士站，請搭乘10號巴士，在「전포고개」(田浦嶺)下車，車程約20～30分鐘左右

전포고개 세워 주세요.

3 怕不知道在哪下車，可以把這張字條給司機看^^

4 下車後，順著巴士行駛的方向直走大概100米，會看到一個村莊入口

5 從這裡開始就算是壁畫村的入口

6 入口進去繼續直走，就會看到一個參考地圖，最好先把地圖拍下來，就不會遺漏一些位置較偏僻的壁畫

" **開始在老村子裡尋寶吧!** "

記得要有爬坡、上樓梯,還有踏在崎嶇地上的心理準備!
而且這裡沒有任何旅遊配套,最好自己準備飲料和小乾糧喔!

海雲臺 해운대

夏天來到海雲臺，看到的是一個接一個排得密麻麻的太陽傘；冬天來到海雲臺，海灘變成海鷗的遊樂場；但不論春夏秋冬，在海雲臺迎月路上的畫廊，帶給人的都是不同的藝術風景。在迎月路散步，不如也參觀一下這些畫廊，讓眼睛欣賞釜山美景的同時，心靈也一起吸收藝術養分吧！

2號線
海雲臺站
2號
Sfunz
大豬肉湯
1號
3號
友利
5號
7號
錦綢
海雲臺溫泉
樂園酒店
Novotel Ambassac
(Gana Art Centre)
海雲臺
海水浴場

" 最受歡迎的沙灘海景、櫻花小路 "

釜山的市鳥——海鷗

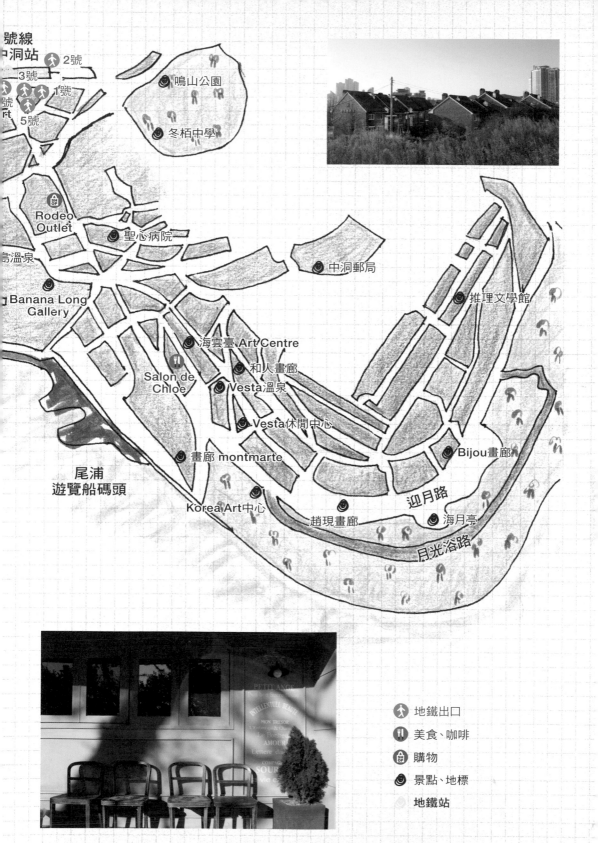

2號
3號 1號
5號

鳴山公園

冬栢中學

Rodeo Outlet

聖心病院

中洞郵局

島溫泉

Banana Long Gallery

推理文學館

海雲臺 Art Centre

和人畫廊

Salon de Chloe

Vesta溫泉

Vesta休閒中心

Bijou畫廊

尾浦
遊覽船碼頭

畫廊 montmarte

迎月路

Korea Art中心

趙現畫廊

海月亭

月光浴路

地鐵出口

美食、咖啡

購物

景點、地標

地鐵站

我最喜歡的畫廊與美食

迎月路上非常顯眼的Banana Long Gallery。黃色
鐵皮屋外觀，內裡的果肉是一件件藝術品

海雲臺藝術中心 Haeundae Art Center

해운대아트센터

地址 부산 해운대구 중동 1510-1
電話 51-747-7042　網址 www.arthac.com
入場費 免費入場　時間 11：00～19：00(週一休息)

Banana Long Gallery

地址 부산 해운대구 중1동 1076-2 (달맞이길 42)
電話 51-741-5106
網址 bananaspace.blog.me
時間 12：00～19：00(週一休息)

Busan Gana Art Center

地址 부산 해운대구 중동 1405-16 (Novotel Ambassadors 4)
電話 51-744-2020
網址 www.ganaart.com
時間 10：00～19：00(週一～六)
入場費 免費入場

Salon de Chloe　살롱드 끌로이

地址 부산 해운대구 중동 1515-2
電話 51-747-1512

踏上迎月嶺前，先來感受法式小店的浪漫

　　在迎月路的入口處，有一家法國情懷甚濃的咖啡店。那是一家女生們不能抗拒的咖啡店，浪漫氣息的裝潢配金色懷舊鏡子和點綴於店內的法式小物，走進Salon de Chloe就像女孩子夢寐以求的房間一樣！

　　店主Chloe是個很有氣質的年輕女生，跟小店帶給人的感覺一樣。想不到Chloe看起來弱質纖纖，卻能用一雙巧手沖出美味的咖啡，這裡的精美Brunch套餐也是由她一手包辦，走上迎月嶺前先到Salon de Chloe填滿空虛的肚子，再開始海雲臺的藝術散步吧！

大豬肉湯飯店　왕 돼지국밥

地址 부산 해운대구 중1동 1671
電話 51-742-1212

釜山的必吃店家，連韓星都說讚

　　豬肉湯飯是釜山的代表美食，每次來到釜山，在「必吃清單」上出現的一定有皇豬肉湯飯店。跟韓流明星CN BLUE推薦無關，喜歡大豬肉湯飯店只因為它給人的感覺：平民、親切、隨意。更不用說的是豬肉湯飯的美味！只需5,500韓幣一客的豬肉湯飯，送上桌的先是一碟又一碟的小菜，很不知所措吧？正確的吃法是把韭菜一點點地放進湯裡跟飯同吃，吃完飯後才把那白色的麵條放進去。青椒和洋蔥沾上棕色的豆豉醬，而那小蝦醬汁則是為湯飯增加鹹味，可依個人口味加減，下了小蝦醬汁的湯飯更有鮮味！餐後還提供免費咖啡和柚子茶，不過是自助式(Service서비스)，要喝的話就要自己沖調喔！

一碟碟小菜，豐富了豬肉湯飯的味道。本來白色的湯頭，加了韭菜就變紅了，但沒有很辣，不吃辣的人也不用擔心喔

Salon de Chloe

寶水洞書房胡同
보수동 책방골목

南浦洞，除了BIFF廣場、除了小吃攤、除了購物，原來還有一個地方，可以讓人與過去接軌，投入只有書本的世界——那就是寶水洞書房胡同。

本來是窮人居住和出售書籍的小小巷弄，隨著時間流逝，現在變成攝影愛好者和藏書家的天堂。一家貼一家的書店擺滿了一疊疊或一札札的書本，有泛黃的，也有簇新的；手寫的已見褪色的標價牌，或店主臉上見證著書店歷史的皺紋；書店門外的小椅子和書櫃，任人選擇那「2,000韓幣／1,000韓幣的幸福」……來寶水洞書房胡同，把這些書海裡的回憶，用相機一一珍藏起來吧！

66 來嗅嗅巷弄間的書香氣 99

07

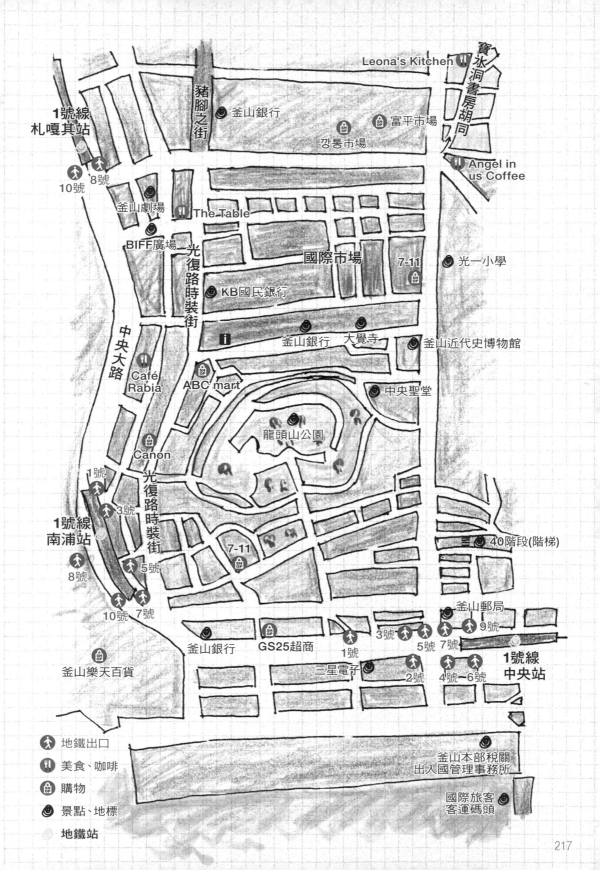

寶水洞書房胡同

Leona's Kitchen

1號線
札嘎其站

豬腳之街

釜山銀行

富平市場

깡통市場

Angel in us Coffee

10號　8號

釜山劇場

The Table

光復路時裝街

BIFF廣場

國際市場

7-11

光一小學

KB國民銀行

中央大路

釜山銀行　大覺寺

釜山近代史博物館

Café Rabia

ABC mart

中央聖堂

龍頭山公園

Canon

光復路時裝街

1號

3號

1號線
南浦站

7-11

40階段(階梯)

8號

5號

10號　7號

釜山郵局

9號

釜山銀行

GS25超商

3號

5號　7號

1號

1號線
中央站

釜山樂天百貨

三星電子

2號

4號-6號

釜山本部稅關
出入國管理事務所

國際旅客
客運碼頭

地鐵出口

美食、咖啡

購物

景點、地標

地鐵站

Have a walk 散散步

循著狹窄小巷，感受韓國古書店

超過半世紀的老舊書店，發黃的叢書、狹窄的巷弄，訴說著寶水洞書房胡同的歷史。入夜時，胡同內昏黃的燈光令書巷看起來像個暮年老伯伯，懷著一個個「想當年」的小故事，等著人來探詢，來發掘。

01 走進書巷內就像一頭栽進書的海洋
02 有書當然要有咖啡店，胡同內的咖啡店
03 書房胡同的夜。人潮散去，店主們好像都鬆了口氣，開始閒話家常，把收回來的書又整理一下
04 看到這個指示牌和這列書店，準備好超越時空
05 除了書店，胡同內還有手作工房
06 不論是用毛筆、粉彩、漆油寫的字，都充滿人性

04

寶水胡同附近的歇腳處

在懷舊書香的小巷探險完後，到周邊發掘安靜的角落，
繼續享受那種悠閒的心情吧。

Leona's Kitchen　리오나 키친

地址 부산 중구 보수동1가 119-1
電話 51-644-5534

古舊書巷中的異國餐廳

在殘舊的書巷中，蹦出一家充滿異國風情的粉藍色餐廳，
好像忽然把人從過去拉回現代一樣。

從大窗戶看進去，店內是一貫北歐式的簡約裝潢，配上可愛
的小裝飾和擺設，整間餐廳散發著一種溫暖的幸福感，讓人忍不
住要推門進去，甚至會有「如果這裡是我家就好了……」的幻想。

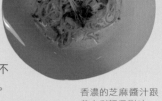

香濃的芝麻醬汁跟
義大利麵很對味

手製的藍色餐牌、水瓶、咖啡杯，不同的藍配襯在一起，足見店主的心思。

店家環境已在我心中拿了個滿分，那食物呢？點了個「現磨野芝麻奶油義大利麵」
(grinded wild sesame cream spaghetti)，打算試一下這特別的口味。想不到原來奶油加
上芝麻做成的醬汁能如此和諧，比起其他高級餐廳所做的，我更喜歡店主Leona在食物
上所付予的用心和嘗試！

價值7,500韓幣的美味義大利麵已令人心滿意足，餐後還送上免費的咖啡和小蛋糕，
Leona's Kitchen的用心經營，絕對能讓人暖在心頭。

店內營造一片溫暖小屋的氣氛

The Table　더테이블

地址 부산 중구 남포동 3가 3-1
電話 51-242-1735

喧囂中的寧靜空間

　　在BIFF廣場，想逃離人潮如鯽的街道喘口氣，抬頭看到「The Table」，就成了我下一站的目標。

　　爬上樓梯，吵雜的人聲漸漸褪去，只剩下柔和的音樂和客人的輕聲私語。咖啡店的窗戶對著熙來攘往的BIFF廣場美食街，外面的繁華跟咖啡店的寧靜形成了強烈的對比，也正好讓人暫時遠離近在眼前的嘈雜環境，觀察置身其中時注意不到的另類風景。

　　Gelato義大利雪糕鬆餅是這裡的招牌甜點，對於韓國的鬆餅，我總是覺得偏甜了一點，但那個義大利手工雪糕軟滑香濃，配一杯沒有加糖的美式咖啡就最對味。在此悠然地享受那陣陣的咖啡香，再投入人海之中吧！

The Table跟外面BIFF廣場吵雜的世界就是「這麼近，那麼遠」。
不加糖的美式咖啡是偏甜的鬆餅的好搭擋

飲料選擇極多

像藝術品一樣的吊燈

Café Rabia 커피 라비아

地址 부산 중구 남포동 2가 22-3
電話 51-243-6662

韓國人私房美食街上的咖啡館

　　在光復街上的遊客跟韓國人的比例也許差不多；但在光復街的後街裡，遊客卻大幅地減少，而大部分韓國人都在這條後街找好吃的餐廳和咖啡店。就是在這條後街，藏著一家可愛的咖啡店Café Rabia。

　　為什麼說它被「藏起來」呢？在1樓看到的只是Café Rabia沖調飲料的櫃檯，要走上窄狹的樓梯，才看到真正的咖啡空間。牆上畫著跟咖啡有關的壁畫，天花板上掛著的燈是穿過一本本書做成的藝術品，灰色的原始水泥地營造出一種時尚感。

　　最喜歡的還是一排向著街外的座位，跟對面的咖啡店只是一街之隔，裡外的人互相觀看，讓一個人的旅者感覺沒那麼孤單。

　　不喜歡咖啡，Café Rabia還有很多選擇：珍珠奶茶、花茶、水果冰沙……滿足不同客人的口味。至於我，樓梯上的「crazy about coffee?」字樣，正好代表了我的心聲──「請給我一杯卡布奇諾吧！」

我的卡布奇諾，很香濃

我的韓國生活體驗

離開熟悉的人和事，棄業出走到韓國遊學，
只為了想在有生之年，完成一些自己的夢想。

你不知道的韓國Style

對韓國人說話、做事的幾個「千萬不要」

我想對韓國稍有認識的人，都知道韓國人對於長輩非常尊重，也有很多禮儀要遵守。
但當我真正在韓國生活的時候，才深刻體會到這種文化帶來的影響。只要小心記著下面
幾點，大概也不會犯大錯吧！

- 跟年齡較大的朋友喝酒的時候，千萬別向著他們的臉喝，要把頭別過去。(有人問，
  如果三面的人年紀都比我大，那怎麼辦？那就要轉身向外面喝！)
- 喝酒千萬不要自斟自酌，也不要在別人杯內還有酒的時候替人倒酒。程序是先替對
  方斟滿後，放下酒瓶，對方就會幫你倒。
- 略懂韓語的人，說話時在結尾都加 (yo)，說「你」的時候千萬別說「너」(nor)，除非跟
  那個人是很親的朋友，或你跟根本想和對方吵架……
- 跟韓國人交朋友，首先會被問到的是年齡或名字。知道對方名字後，在稱呼對方或
  言語間提到對方的時候，用對方的名字並加上「씨」（see，如李秀珍 ），就是比較
  有禮貌的說法。
- 地鐵裡的博愛座千萬不要坐，否則很容易會惹來老一輩的責罵！
- 要習慣在地鐵、巴士或街上被大叔或大嬸推撞。
- 不要在公眾地方蹺二郎腿，韓國人很討厭別人用腳板對著自己，會感到不被尊重。
- 到別人家作客一定要脫鞋(除非主人家說不需要），而且不可以赤腳在別人家走動，
  所以到別人家前，要確保自己穿了襪子！
- 韓國人吃任何食物都不會把碗拿到嘴邊。筷子和湯匙不會用同一隻手同一時間使
  用，大多數會放下筷子才拿起湯匙，除非是很親的朋友或一家人，就會比較隨便。

好了，要到韓國的人，準備好要投入這個充滿繁文縟節的
國家了嗎？

一攤、兩攤、三攤⋯⋯續攤是一定要的！

韓國人應酬習慣和酒量大概也是數一數二的，當我來到韓國生活，少不了也要跟同學或韓國朋友去喝幾杯。最初以為聯誼就是吃個晚飯，然後再喝兩杯就回家。但原來韓國Style，跑三攤(三차)是基本的：

一차：先吃個晚飯(因為要趕二차，所以韓國人都吃得好快，目標很清晰：吃飽就好)

二차：再到KTV大展歌喉

三차：到酒吧喝點酒，聊聊天

四차：打桌球⋯⋯或肚子有點餓，先吃點東西

五차：轉到另一家酒吧續攤⋯⋯玩遊戲、豪飲

六차：天開始亮了，可以再吃點東西才回家

而我因為不好杯中物，所以紀錄最多只到三차。有時候時間尚早，已經看到街上有醉得蹲在地上或要朋友扶起的人，甚至就大字形躺在月台中間的人也有見過！這種情況在週末非常普遍，甚至有網站(blackoutkorea.blogspot.kr)專門上載韓國人醉酒街頭的有趣照片，可想而知情況有多誇張！

韓國的男女相親，真的有這麼普遍嗎？

是的，真的非常普遍

　　韓國的女孩子，大概25～27歲開始就要有結婚對象了，要不然父母就會開始為他們找合適的對象，1對1的那種相親，就是所謂的Meeting了。

　　而소개팅(介紹-ing)，則是幾對男女一起參加的聚會，通常是朋友介紹或由一些機構舉辦，而這些相親的過程究竟是怎樣的呢？根據我的韓國朋友敘述，約會地點都是比較清靜高級的餐廳，兩人經朋友或親友互相介紹後，閒雜人等就會離開，剩下男女兩人單獨約會。經過大概幾小時的交流後，下一個約會地點就是咖啡店。

　　在咖啡店逗留一陣子後，雙方大概都知道對方合不合適，然後就交換聯絡方法，說一些像「今天很開心，再聯絡」之類的客套說話，就各自回家考慮。最先聯絡對方的，絕大部分是由男方來做，女方很少首先主動聯絡男方。如果一段時間沒有接到男方的來電，那就是相親失敗了，只好再接再厲了！

韓國人對於相親的態度又是怎樣的呢？

　　韓國男性朋友抓抓頭說：「沒辦法啊，我也想自己認識女孩子，不過工作太忙，只好這樣了。」

　　韓國女性朋友興奮地說：「相親的時候去的餐廳都很好啊，去吃好的東西也不錯啊！」

　　還有一種仲介公司的相親服務，會把會員分幾個等級，如果把你分到4級，那相親的對象也會是同等級的人，如果要越級挑戰，就要付更多的錢。聽起來感覺很差——怎麼把人當成牛肉等級一樣啊！我還是喜歡順其自然比較好！

韓國遊學日記

決定不再羨慕別人，飛去遊學旅行

比起同輩，我可是孑然一身：沒男友，沒太大的家庭負擔，還有總是支持任性的我的家人，出走的籌碼也就比較大。

很多人會問我，為什麼要不間斷地學習韓語，每星期日花掉本該用來休息玩樂的4小時上韓語課，對工作又不是有甚麼幫助？

最初學習韓語的原因很合情合理，就是因為在澳洲工作假期的時候交上了韓國男朋友，但即使之後這誘因消失了，對所有關於韓國的一切卻是莫名其妙的熱愛，也因為懂韓語的關係，對韓國人認識更深，也更喜歡他們直率真摯的性格。

直至某韓語同學說她要到韓國唸書，心裡只有羨慕的份，也質問自己，為什麼只有我只可以羨慕人？到韓國遊學的念頭就在心中醞釀，最後到出發，也不過是2個月之內的事。

所以說，夢想的實現不需要長時間的考慮，只需要抓住那一瞬間的勇氣！

韓國語言學校的申請辦法

體驗韓國生活，兼學習韓語

對私營語言學院的短期課程有興趣者，可以於發電子郵件詢問詳細資料。
● **Ganada韓語學院** ganadakorean.co.kr
● 首爾韓國語學院 www.seoul-kla.com

想到韓國的大學感受遊學生的生活，最好的方法當然是到韓國大學的附屬教育機關(語學堂)，報名就讀正規課程。

正規課程分一年四季舉行，每季10星期。每週需要上課5天，一天4小時，合計200小時。要注意的是，如果太遲報名和交學費的話，上午班額滿後會被編到下午班，這樣一天的時間就會被占了。如果不能離開工作崗位3個月，語學堂也提供3週的短期課程，適合想在韓國短暫生活又想學習韓語的人。

但如果假期無法對上開課日期，也可以報讀韓國的私營語言學院，時間比較彈性，即使只學1、2天也沒問題。但參考過網上的一些分享，發覺這些補習班的上課氣氛較散漫，沒有正規大學的學習氣氛，相對比較便宜，也正是一分錢一分貨！

各大語學堂比一比

首爾大學、梨花大學和延世大學都是名氣最高的大學，學費也是最高的。而人氣也很高的還包括西江大學。

首爾大學、梨花大學和延世大學比較著重文法，而西江大學則著重會話訓練。所以在選擇語學堂的時候要多做資料，揀選適合自己的課程。

● 首爾大學語言教育院 language.snu.ac.kr/site/en/klec/regular/regular.jsp
● 延世大學韓國語學院 www.yskli.com/prog_regular.htm
● 梨花女子大學語言教育院 elc.ewha.ac.kr/korean/ch/template/schedule.asp
● 西江韓國語教育院 klec.sogang.ac.kr
更多的大學資訊及網址，可參考韓國旅行官方網站：
big5chinese.visitkorea.or.kr/cht/CU/CU_CH_3_2_1.jsp

報名程序

1. 以延世大學為例，先要在網上加入成為會員。成為會員後才能於網上報名。

2. 繳交60,000韓幣的報名費。到銀行用電匯把報名費交妥後，把所要求的資料用同一封郵件發過去。所需資料：護照複本、最終畢業的學校成績表/畢業証書複本、電匯收據複本。

3. 收到所有文件後，經過審批，會再收到電郵通知交學費的事宜。

4. 把電匯收據複本用電郵發過去，就會收到學校的確認電郵，通知分班考試和新生歡迎會的時間表，通常是在開課前的1～2週前舉行。

> **發信前務必檢查檔案是否齊全**
> 用同一封郵件把全部文件發過去非常重要。我的經驗是不小心漏寄了其中一份，再發過去的時候，又換了另一個人回覆我，問我另一樣早已發過去的文件，整個過程極不愉快。所以還是依照網頁上的提示，一次全部發過去為上策。

正規課程學費比較	
延世大學	1,600,000韓幣
梨花大學	1,430,000韓幣
西江大學	1,515,000韓幣
弘益大學	1,300,000韓幣

找住宿，才是遊學生活大難題的開始

找住宿，才是遊學生活大難題的開始

因為之前工作太忙碌的關係，完全沒有時間上網去找住宿的資料，只稍稍看過也會去韓國唸書的朋友給的資料，大概有個概念，然後就訂了頭3天的民宿，打算到當地再按圖索驥找看看。這樣起碼不怕要隔山打牛，因為考試院一開始最少要留1個月，如果選錯了，那1個月可就難捱極了。

而我對考試院的考量大概是：

1. 離學校的距離　　2. 周邊的環境　　3. 房屋的清潔度
4. 要有窗戶　　　　5. 價錢約40～50萬韓幣左右

出外靠朋友，就是真理

大部分我要的條件都必需要親自去看看才可以確定，雖然蠻擔心房間會爆滿，但住宿環境對我來說很重要，因為一天裡要留在房內的時間不算少，要是環境糟糕的話心情也會跟著很糟糕吧！

而我則是在抵達的第二天，跟我吃早餐的朋友大力推薦在網上找到的這間考試院W HOUSE，說這家風評不錯，還幫我打了個電話去確定看房時間(謝謝啦)。

因為我讀的延世大學在新村，這家考試院就在它不遠處(走路可達)，但原來真要走回學校的時候才發覺學校太大，走到語學堂竟要30分鐘！其實走路也沒關係，就當是每天散散步吧！

遇上大幸運: 熱情的阿珠媽+稱心的房間

說回這間考試院，阿珠媽帶我看房間的時候我就已經決定要住這裡了，因為它有窗戶，沒有想像中的小，很清潔，價錢又在我預想之內，而很重要的是，阿珠媽很親切真誠，所以只看這家，我的這個月住宿就定下來了。

01 算是什麼都有的房間，重要的是非常清潔
02 W HOUSE的外觀，下面是美食店、烤肉店，靠街邊的房間會有一點吵，不過看起來房間比較大
03 行李箱放在走廊是這樣的情況，大概估算到房間的大小吧。最令人感動的小窗戶，每天早上太陽都會
   照到我的房間啊！好幸福的感覺～

　　本來擔心房間在廚房旁邊會很吵(而事實也是真的很吵)，想換個房間，阿珠媽才告訴我，原來只剩這個房間了，還是今早剛退房的！我不是太幸運了嗎？阿珠媽還承諾下星期另一個房間的人搬走後就會幫我交換，而現在我已經在新房間住好幾天了(可惜隔壁房間的女孩好吵啊)！

　　當日立即回民宿收拾行李，搭計程車把東西都搬到考試院，阿珠媽已經在門口等我，一起把行李搬上2樓。2樓是女生層，樓上就是男生/混合的房間。

W house的位置

　　在新村地鐵站2號出口出來後，在大街向延大方向一直走10分鐘左右，途中會經過u-plex百貨公司，再一直走，看到sk telecom轉左直走3分鐘便到了。如果3個月租金一次繳清的話，每個月只需45萬韓幣，如果每個月付就要48萬，另加5萬保證金，退租的時候會還給你。

地址 서울 서대문구 창천동 54-44 **網址** whouse.kr 　**電話** 02-3142-1005

04 布置好的房間。要在這個小房間逗留10星期，要好好令它有家的感覺！在1,000韓幣店買了一系列的家
   居收納用品，也買了些令自己見到會開心的東西，照片中的那個小鴨杯子就是其中一樣，雖然考試院
   有提供，但還是用自己的心情比較好
05 廚房，可以洗衣服，每天有飯和泡菜免費供應！冰箱內的食物都可以吃，不過沒什麼可以用的就是了
06 考試院的走廊，也很清潔，阿珠媽真的很用心，每天打掃啊！一層大概有20個房間左右
07 上網空間，不過到現在都弄不清怎樣開……(考試院沒有WIFI，只有LAN插頭)
08 唯一的缺點是洗手間真的是太小了，我站著洗澡，在塗沐浴乳的時候會有困難

韓國考試院住宿如何找？

其實一申請好學校後，就要開始找住宿了。在韓留學生的住宿主要分3種，大學提供的宿舍、考試院和下宿。

大學提供的宿舍

在大學宿舍住的好處是很容易認識朋友，而且跟學校距離非常近。壞處當然是遇到麻煩的同房就只能默默忍受！

在報讀課程的同時，要一起申請宿位。而且宿位非常有限，只有報讀半年(2季)或以上的學生才可以申請。

以延世大學為例，所有宿位只能住上半年，半年後就要自己找地方搬出去。延世大學共有2個宿舍，包括SK Global House和International House。SK global House設有單人房和雙人房，所有房間都包含洗手間，而International House只提供雙人房，和公用的洗手間，所以兩者的價錢也有不同。

考試院(고시원)

考試院其實是個人小房間，包括衛浴和洗手間的話租金會相應增加。

一般的考試院都會提供白飯和泡菜，也有些考試院也提供咖啡和泡麵，但當然那已包括在租金內了。好處是有自己的私人空間，壞處是房間太小，感覺頗侷促。

大學附近都開設大量考試院，可以早1星期到達韓國，親自參觀一下考試院的居住環境是不是自己能接受的範圍，因為考試院的租金一般是20~70萬韓幣，某些考試院雖然租金便宜，但環境可是很惡劣！

遇上大幸運: 熱情的阿珠媽+稱心的房間

説回這間考試院，阿珠媽帶我看房間的時候我就已經決定要住這裡了，因為它有窗戶，沒有想像中的小，很清潔，價錢又在我預想之內，而很重要的是，阿珠媽很親切真誠，所以只看這家，我的這個月住宿就定下來了。

新村的考試院

以下是一些考試院網址，可以按進去看看照片，但當然不能盡信，那些魚眼鏡廣角鏡都用上了，看起來不錯的房間可能只有一人可過的走廊通道！

在弘大附近的
● **hub residence** www.hubresidence9.co.kr/sub5.html
● **Pass Vill** www.passvill.com/main.php
● **弘大號街考試院(索尼客推薦)** www.obeonka.com
● **Well** 고시텔 www.wellgositel.com
● **Picaso** 고시원 picaso.gosiwoninside.com

其他考試院網站
還可以上以下網站，找找自己想要的地區內有沒有考試院。不過這2個網頁都是全韓文，需要的話要找人幫忙翻譯
● gosione.net
● www.gosiwon4u.net

下宿(하숙집)

下宿分單人房和多人房，也分含衛浴或不含衛浴(當然單人房含衛浴租金會較高)。而跟考試院最大的分別是下宿提供早晚兩餐，而且房間會比較大。

要找尋下宿，最好是在到達韓國後於學校附近繞繞，會看到很多房子寫著「하숙」的牌子。直接按鈴詢問有沒有房間便可。或可於學校內的告示版找到不少寫著「하숙」的招租紙條。

綜合同學的經驗及意見，找考試院或下宿的**四不**：

1. 房東態度不友善（NO！）

2. 環境黑暗、嘈雜、危險（NO！）

3. 衛浴，廚房一定要檢查，若不清潔的話（NO！）

4. 不確定價錢（NO！）

> 要多看，多找，千萬不要覺得不好意思，這樣才可以找到好的居所。畢竟最少要住上一個月，絕不能太馬虎隨便！

下宿

小小地球村，各文化帶來的驚喜

來到延世大學的語學堂，學習韓語當然是我的主要目標，但除此之外，最意外的收穫卻是認識了一班外籍同學，認識韓國以外的文化，連英文也進步不少！

也許我比較幸運，班裡13個人當中有9個不同國籍：香港代表只有我，台灣1名、日本1名、墨西哥1名、烏茲別克2名、中國3名、菲律賓1名、英國1名、美籍韓僑2名，簡直就是一個小小的聯合國。

在學習韓語和韓國文化的同時，其他國家的文化同樣令我好奇：從來沒有去留意的國家烏茲別克，原來是在俄羅斯附近的國家，平常他們說的是俄語，已經很少說烏茲別克語。上一代有好多韓國人逃難到烏茲別克，所以那邊有好多韓僑。又因為他們很接近蒙古，所以食物也有點中國味道，而且非常美味！

而對日本人來說韓語並不難，因為韓文的文法跟日文很相似，所以在讀韓語上已經有先天性的優勢！

墨西哥到韓國，連同轉機時間大概要搭25個小時以上的飛機，韓語對他們來說就像外星語言一樣。墨西哥菜除了Taco薄餅，還有不同的烤肉和飯類，韓國的辣對墨西哥人來說只是小菜一碟！

一直都覺得美國人很個人主義，只關心自己的一切。但原來他們對於感恩節和耶誕節都很重視，總是要一家人聚在一起吃吃喝喝，也不是我想像中的冷漠。

而我得到最大的啟發，就是出門在外，必須要注意自己的行為。有時候自己的行為，可能會影響到其他國家的人對於自己國家的觀感。就好像我不只一次聽到：「某某國家就是這樣的囉。」所以出門一定要注意自己的言行，因為自己不只代表個人，還代表整個國家喔！

日本人總是在考試前吃一條寫了「勝利」的香蕉。上台報告太緊張的話，會在手心寫個「人」字，然後用力把它吞下去。(我有試過這個方法，對我不管用……還是緊張得要命)

窮學生省錢妙計

韓國物價指數頗高,對於沒收入的窮學生如我,必須要省錢過生活。最容易可以省錢的地方,就是吃的部分了。

發揮創意變變變!

我住的考試院有提供免費的泡菜跟飯,所以我就用這2樣材料配搭飯或麵,做出不同的菜色,的確能為我省下不少用餐費。

而我吃得最多的,大概就是泡麵了。不過韓國人在泡麵的製法很有研究,並不像我們用白開水煮開這麼簡單。所以不用覺得捱泡麵很可憐,我覺得泡麵真的是好吃又便宜!

咖啡中毒者請外帶!

我有咖啡癮,但韓國的咖啡價錢跟一頓飯一樣價錢,怎麼辦?在韓國,大部分非連鎖咖啡店都有「外帶優惠」,每每都能節省20～30%,而且一定要拿「集點卡」(Stamp Card),集滿10～15個印章後又會得到一杯免費咖啡!另外,學校內的咖啡店,都會比外面買到的便宜,和學校內的學生餐廳是一樣的道理!

看電影,選早場!

除了吃,在韓國看電影想省錢,可以選擇平日早點起床,到戲院看第一場的電影,票價會比平常的便宜一半左右!

一個人在韓國生活不算難,困難的是怎樣在沒有收入的情況下把手上的小錢花得其所。有時候視省錢過生活為一個遊戲,其實也蠻好玩的!

233

Seoul

Coffee

Handmade

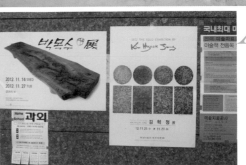

Art

"遊韓國" 太雅給你最新最多的玩法!

開始在韓國自助旅行
作者◎陳芷萍、鄭明在

暢銷書系、再刷不斷,加碼贈送「韓國首都圈地鐵全圖」!Step by Step文圖對照流程、異文化拆招錦囊、超好用應變方案,本書教你快速學會搭車、買票、吃好料,就算一句韓文不會還能全韓暢快跑透透!

遊韓國行程規劃指南
作者◎Helena

讓無數背包客、自助旅行者大呼「超~實~用!」的行程規劃專書。專章解說行程建議,依天數長短、旅行方式及喜愛主題幫讀者規劃,並說明如何串接交通。超過旅行社能給的你精緻安排!

搭地鐵玩遍首爾 (附釜山)
作者◎索尼客

Yahoo!奇摩旅遊摩人、全球百大部落格主:索尼客。提供最聰明旅遊行程、最省錢購物撇步、最犀利追星私家路線,引領哈韓族穿街走巷盡情體驗首爾地鐵站吃喝玩樂的精華。

首爾·濟州
作者◎車建恩

最HOT的韓劇景點,便宜好用的化妝保養品,最道地的汗蒸幕體驗,最有特色的首爾近郊風情。分區導覽首爾、濟州,蒐羅城市概況、景點、購物、美食、住宿等。

搭地鐵玩遍釜山 (附慶州·鎮海·濟州島)
作者◎Helena

韓國背包客玩家、太雅暢銷作家Helena最新力作，華文圈第一本釜山地鐵專書！非敗不可的購物天堂，消費比首爾便宜，韓國美妝品和伴手禮一次掃貨。山景海角的天然美景，給你驚呼連連的仙境享受。

開始在釜山自助旅行
作者◎亞莎崎

只要2小時10分鐘，廉價航空一張票，就能飛到釜山體驗不一樣的韓國風情！所有難懂複雜的旅遊疑難雜症、票卷機器操作，全部圖解步驟給你看，一人上路也不怕！

首爾私房輕旅行
作者◎Cyrus

在地人都在享受的私房去處、首度曝光的特色店家。愛在城市探險的Cyrus，這次不帶你走砸錢的觀光路線，而是深入巷弄，體驗韓國人花費平實、真正在享受的生活事物和優質店家。

Check in首爾，體驗韓屋
作者◎權多賢

市面上第一本介紹首爾住宿的專書，嚴選36間首爾特色住宿，從古意盎然的韓屋，到5星精品飯店、簡單出租公寓，到睡衣派對的主題套房。附贈各區周邊散步路線的行程建議。

世界主題之旅 85

首爾私房輕旅行

作　　者	Cyrus
攝影繪圖	Cyrus

總 編 輯	張芳玲
主　　編	徐湘琪
審　　校	陳妤甄
封面設計	蔣文欣
美術設計	蔣文欣

太雅出版社

TEL (02)2882-0755　　**FAX** (02)2882-1500

E-mail taiya@morningstar.com.tw

郵政信箱　台北市郵政53-1291號信箱

太雅網址　http://www.taiya.morningstar.com.tw

購書網址　http://www.morningstar.com.tw

讀者專線　(04)2359-5819 分機230

發 行 所	太雅出版有限公司
	台北市11167劍潭路13號2樓
	行政院新聞局局版台業字第五○○四號
印　　刷	上好印刷股份有限公司　**TEL** (04)2315-0280
裝　　訂	東宏製本有限公司　**TEL** (04)2452-2977

本書如有破損或缺頁，退換書請寄至：
台中工業區1號 太雅出版倉儲部收

初　　版	西元2013年10月01日
定　　價	320元

ISBN 978-986-336-010-0

Published by TAIYA Publishing Co., Ltd.

Printed in Taiwan

*S*eoul

國家圖書館出版品預行編目(CIP)資料

首爾私房輕旅行 / Cyrus作.攝影. -- 初版.
-- 臺北市：太雅, 2013.10
　　面；　公分. --(世界主題之旅；85)
　ISBN 978-986-336-010-0(平裝)

1.旅遊 2.韓國首爾市

732.7609　　　　　　　　　102013031

這次購買的書名是：

首爾私房輕旅行 （世界主題之旅 85）

＊01 姓名：＿＿＿＿＿＿＿＿＿＿＿＿＿＿＿ 性別：□男 □女　生日：民國＿＿＿＿＿年

＊02 市話：＿＿＿＿＿＿＿＿＿＿＿　手機：＿＿＿＿＿＿＿＿＿＿＿＿＿＿

＊03 E-Mail：＿＿＿＿＿＿＿＿＿＿＿＿＿＿＿＿＿＿＿＿＿＿＿＿＿＿

＊04 地址：□□□□□＿＿＿＿＿＿＿＿＿＿＿＿＿＿＿＿＿＿

05 你決定購買這本書的主要原因是：（請選出前三項，用1、2、3表示）
□題材適合　　　　□封面設計　　　　□內頁編排　　　　□內容清楚實用
□資訊豐富　　　　□價格合理　　　　□其他＿＿＿＿＿＿＿＿＿＿

06 你的旅行習慣是怎樣的：
□跟團　　　　　　□機＋酒自由行　　□完全自助　　　　□旅居
□短期遊學　　　　□打工度假

07 通常在一趟旅行中，你的購物預算是多少(新台幣)：
□10,000以下　　　□10,000～30,000　□30,000～100,000　□100,000以上

08 你通常跟怎樣的旅伴一起旅行：
□父母　　　　　　□另一半　　　　　□朋友2人行　　　　□跟團
□親子　　　　　　□自己一個　　　　□朋友3～5人

09 在旅行過程中最讓你困擾的是：（請選出前三項，用1、2、3表示）
□迷路　　　　　　□住宿　　　　　　□餐飲　　　　　　□買伴手禮
□行程規畫　　　　□語言障礙　　　　□突發意外

10 你需要怎樣的旅館資訊：（請選出前三項，用1、2、3表示）
□星級旅館　　　　□商務旅館　　　　□設計旅館　　　　□一般旅館
□青年旅館　　　　□民宿

11 你認為本書哪些資訊重要最：（請選出前三項，用1、2、3表示）
□餐飲　　　　　　□景點　　　　　　□住宿　　　　　　□地圖
□行程規畫　　　　□購物逛街　　　　□貼心提醒　　　　□教戰守則

12 你有使用「智慧型手機」或「平板電腦」嗎？　　**13** 你會購買旅遊電子書嗎？
□有　　　　　　　□沒有　　　　　　　　　　　　　□會 □不會

14 你最期待旅遊電子書有哪些功能？（請選出前三項，用1、2、3表示）
□美食　　　　　　□景點　　　　　　□購物　　　　　　□交通
□住宿　　　　　　□地圖　　　　　　□GPS定位　　　　□其他＿＿＿＿＿

15 若你有使用過電子書或是官方網路提供下載之數位資訊，真正使用經驗及習慣？
□隨身攜帶很方便且實用　　　　　□國外上網不方便，無法取得資訊
□電子工具螢幕太小，不方便閱讀　□其他＿＿＿＿＿＿＿＿＿＿＿＿＿

16 計畫旅行前，你通常會購買多少本參考書：＿＿＿＿＿＿＿＿＿＿＿＿本

17 你最常參考的旅遊網站、或是蒐集資訊的來源是：
＿＿＿＿＿＿＿＿＿＿＿＿＿＿＿＿＿＿＿＿＿＿＿＿＿＿

18 你習慣向哪個旅行社預訂行程、機票、住宿、或其他旅遊相關票券：
＿＿＿＿＿＿＿＿＿＿＿＿＿＿＿＿＿＿＿＿＿＿＿＿＿＿

19 你會建議本書的哪個部分，需要再改進會更好?為什麼?
＿＿＿＿＿＿＿＿＿＿＿＿＿＿＿＿＿＿＿＿＿＿＿＿＿＿

20 你是否已經照著這本書開始操作?使用本書的心得是?有哪些建議?
＿＿＿＿＿＿＿＿＿＿＿＿＿＿＿＿＿＿＿＿＿＿＿＿＿＿

填表日期：＿＿＿＿年＿＿＿＿月＿＿＿＿日

讀者回函

掌握最新的旅遊與學習情報，請加入太雅出版社「旅行與學習俱樂部」

很高興您選擇了太雅出版社，陪伴您一起享受旅行與學習的樂趣。只要將以下資料填妥回覆，您就是「太雅部落格」會員，將能收到最新出版的電子報訊息！

- -

填問卷，送好書
（限台灣本島）

凡填妥問卷(星號＊者必填)寄回、或傳真回覆問卷的讀者，即可獲得太雅出版社「生活手創」系列《毛氈布動物玩偶》或《迷你》一本。活動時間為2013/01/01～2013/12/31。

二選一，請勾選

□

□

- -

太雅部落格
taiya.morningstar.com.tw

太雅愛看書粉絲團
www.facebook.com/taiyafans

320山?銘

黏貼裝釘處(請勿使用釘書針)

| 廣　告　回　信 |
| 台灣北區郵政管理局登記證 |
| 北 台 字 第 12896 號 |
| 免　貼　郵　票 |

太雅出版社　編輯部收

台北郵政53-1291號信箱
電話：(02)2882-0755
傳真：**(02)2882-1500**
(若用傳真回覆，請先放大影印再傳真，謝謝！)

太雅

太雅部落格 http://taiya.morningstar.com.tw

有 行 動 力 的 旅 行 ， 從 太 雅 出 版 社 開 始